KB153695

아테네
팬데믹

▲ 미힐 스베이르츠의 「아테네의 역병」(1652~54).

아테네
팬데믹

역병은 어떤 정치를 요구하는가

안재원 지음

이른비

뭉치면 살고 흩어지면 죽는다는 말이 있다. 위기 앞에서 단결하고 협동하라는 격언일 텐데, 이 말을 들으면 자연스럽게 사람들이 모여 있는 광경을 떠올리게 된다. 실제로 전쟁이나 국가적 재난이 일어날 때 힘을 모아 함께 싸우고 서로 돕는 끝에 난관을 극복할 수 있었다. 그런데 코로나19 앞에서는 이 말이 좀 역설적으로 다가온다. 이제는 어쩌면 '흩어지면 살고 뭉치면 죽는' 것일지도 모른다. 위의 오래된 격언은 눈에 보이지 않는 역병이라는 적과 싸울 때는 오히려 치명적이고 위험한 구호가 된다. 역병은 모이면 모일수록 위세를 떨친다. 그러니 이제는 각기 흩어져서 방법을 찾아야 할 것이다. 보이는 적과 싸울 때와는 다른 접근과 이해, 즉 다른 전략이 요청된다.

그 전략이란 사실 별게 아니다. 일단 공동체 차원에서

구성원들이 합심하여 대처하되 모여서는 안 된다. 쉬운 일 같지만 그렇지 않다. 인간은 본디 사회적 동물이고 관계적 존재이기 때문이다. 그렇다면 백신이 나오기 전까지 물리적 거리 두기에 따르는 온갖 어려움과 고통을 감내하고 견딜 수밖에 없다. 결국 역병은 아주 높은 수준의 사회적인 성숙이 뒷받침되어야 극복할 수 있다는 얘기다. 깊은 이해와 양해를 바탕으로 공동체 구성원들이 자발적으로 자신을 통제하고 타인을 배려하며 거리 두기를 할 때 역병이 잦아들 수 있다. 이런 성숙한 시민 의식에 기대지 않고 국가의 강력한 통제와 지도를 통해서 역병을 제압할 수도 있을 것이다. 하지만 이른바 '스트롱 맨' 식의 리더십은 정치적으로 많은 상처와 희생을 강요한다. 상황이 상황인지라, 전쟁이나 긴급 재난 시 어쩔 수 없이 '헌법 독재constitutional dictatorship'의 강제력이 작동하게 될 것이다. 혹자는 이를 두고, 예컨대 집회를 금지하는 것은 위헌이라며 소송을 포함한 다양한 방식으로 저항해야 한다고 말한다. 잘못된 주장은 아니나 긴급 재난 사태에서는 폭넓은 지지를 받을 것 같지는 않다. 모두 다급하고 절망적인 생존 조건에 놓여 있기 때문이다.

역병은 욕망과 동행한다. 그 욕망은 때로는 '자유'의 이름으로 때로는 '생존'의 울부짖음으로 표출되고, 그것을 이른바 '경제 코로나'로 부르기도 한다. 그런데 역병 코로나와 경제 코로나가 서로 뒤엉킬 때, 공동체는 걷잡을 수 없는 유혹에 빠지고 심각한 딜레마에 처한다. '역병을 잡자니 경제가 울고, 경제를 살리자니 역병이 웃는' 상황 말이다. 하지만 역병이라는 존재는 인간의 절박함에 관심이 없다. 역병 그 자체의 운동 원리에 충실할 뿐이다. 여기서 정치적 결단이 중요해진다. 선역병 후경제로 갈지, 선경제 후역병으로 갈지, 아니면 역병도 잡으면서 경제도 살리는 쪽으로 갈지 방향을 잡아야 하는데, 현실 정치에서는 결코 녹록지 않은 사안이다. 대체로 세 번째 방식을 선호할 것이다. 하지만 이는 공동체 구성원과 지휘부 사이의 소통과 상호 이해를 전제로 한다. 역병의 시기에 필요한 통치 리더십과 정치가 무엇인지 이 지점에서 선명해진다(이것은 역병의 진정한 치료제가 정치라는 것을 말한다). 세 번째 방식을 택하더라도, 그 역시 쉽지 않은 길이다. 유럽의 시위대들이 내세운 구호처럼 '역병으로 죽기 전에 굶어 죽는 상황'이 먼저 닥칠 수도 있기 때문이다. 어떻게 방향을 정하든 살얼음판을 걸어야 하는 형국이다. 최악의 경우는 경제를 살리겠다고 역병을 방치하는 결정일 것이다. 미국의 트럼프 정권은 바로 이런 정책과 조치를 취했다. 선거 결과에 목을 맨 트럼프 대통령이 보여준 일련의 모습들은 그야말로 역병이 가장 좋아하는 행태들이었다. 마스크도 쓰지 않은 채 운집한 군중들에게 코로나는 아무것도 아니라고 했다. "마스크를 쓰고 다니는 것은 겁쟁이의 모습"이라고 조롱한 것은 역병을 무시하는, 더 정확히 자연의 위력을 가볍게 여기는 오만함의 극치였다.

백신 개발 소식이 들려오지만, 팬데믹의 기세는 여전하다. 3차 유행으로 접어들면서 전 세계의 사정은 더욱 심각해지고 있다. 각국의 지도자들은 누구나 할 것 없이 경제를 살리는 문제, 국민의 생명을 지켜야 하는 문제, 그리고 무엇보다 시민들의 동참을 이끌어내야 하는 문제들 앞에서 리더십을 시험받고 있다.

이 책은 한국연구재단의 기획('코로나19 현상에 대한 인문학적 성찰')으로 발표한 글에 몇 편을 더 보태고 전체적으로 다시 고쳐 쓴 것이다. 내가 부탁받은 세부 주제는 '한국 사회의 내적 성숙'이었다. 사실, 내적 문제라는 측면에서 한국 사회를 크게 고민해본 적이 없고 '사회적 성숙'이라는 개념 자체도 모호하여 쓰기가 막막했다. 결국, 오랫동안 읽고 공부해온 서양 고전에서 참조할 만한 사례를 소개하게 되었다. 성숙은 시간이 걸리는 일이다. 인문학도 그렇다. 인간의 원형적 감정과 문제를 다루고 있는 그리스 고전기의 문학과 역사와 철학이 성숙에 이르는 마르지 않는 수원水源임을 다시금 확인하면서, 코로나 위기 속에 살아가는 우리의 삶을 잠시나마 돌아보는 시간이 되기를 희망한다.

2020년 12월
안재원

차 례

인류는 역병을 겪어내며 살아남았다

이 글은 코로나19 역병의 세계적인 대유행에 직면하여, 이번 사태를 인문학적으로 어떻게 바라볼 수 있는지 성찰한 것이다. 과거의 유사한 사건은 그 실마리를 찾는 데 도움이 된다. 그래서 그리스 고전기의 인문학자(역사가, 드라마 작가, 철학자)들이 기원전 430년에 아테네를 휩쓴 역병을 어떻게 진단했고 무엇을 고민했는지 그들의 작품을 통해 구체적으로 살펴보려 한다.

코로나19의 여파가 말 그대로 전 인류를 뒤흔들고 있다. 그 충격에 따른 향후 변화를 예측하기는 아직 이르다. 현재 팬데믹을 둘러싼 담론은 크게 두 가지 관점에서 전개되고 있다. 먼저 미시적인 관점에서 역병 사태의 관찰과 보고, 방역과 치료, 그리고 역병이 몰고 온 경제 위기에 대한 논의이다. 거시적인 관점에서는 이른바 포스트 코로나Post Corona 시대에 대한 전망이다. 여기에는 기후 변화, 자본주의의 변화, 세계 패권의 변화도 주요하게 다뤄진다. 비 온 뒤에 싹이 올라오듯이 크고 작은 코로나 담론이 올 한해 동안 출판과 미디어 시장에 쏟아져 나왔다. '코로나 상업주의'라고 해도 과언이 아니다. 이렇게 무성한 코로나 담론 시장에서 인문학적인 반성과 성찰이 과연 경쟁력이 있는지는 잘 모르겠다. 역병이 횡행하는 재난 상황에서 인문학이 어떤 역할과 기능을 할 수 있을지 딱히 좋은 생각이 떠오르지 않는다. 인문학이 지니는 속성 때문일 것이다. 물론 이런 말 정도는 할 수 있겠다. "성급하게 판단하지 말자." 사실 하나 마나 한 말이지만, 그럼에도 무언가를 말해야 한다면, 옛날에 비슷한 재난을 경험한 사람들이 어떻게 생각하고 무엇을 통찰했는지 그 사례 정도는 제시할 수 있으리라. 해서 넘치는 코로나 담론의 장에 감히 몇 마디 보태고자 한다.

세계사의 거시적인 관점에서 서양 학자들이 정리한 바에 따르면, 인류 역사를 뒤흔든 팬데믹 사태는 최소한 여섯 차례 정도를 들 수 있다.

• 기원전 430년 아테네 제국의 역병

- 기원후 169년 로마 제국의 역병(안토니누스 역병)
- 기원후 541년 비잔티움 제국의 역병(유스티니아누스 역병)
- 기원후 1346년(1830년 종식) 유럽의 흑사병
- 19세기 중엽 중국에서 발생한 콜레라 역병
- 21세기 현재 전 세계에 창궐한 코로나19 역병

인류는 이런 역병들을 겪어내며 살아남았다. 코로나19 백신도 조만간 나오리라 본다. 하지만 일반인들에게 보급되기까지는 어느 정도 시간이 걸릴 것이다. 그동안은 마스크 쓰기, 손 씻기, 사회적 거리 두기 등이 최선의 예방책일 뿐이다. 백신이 개발되더라도 이런 수칙들은 계속 권장될 것이다. 새로운 역병이 언제든 다시 찾아올 수 있기 때문이다. 이런 현실은 역병이 두 가지 차원에서 접근해야 하는 질병임을 말해준다. 한편으로는 자연 질병이지만 다른 한편으로는 사회 질병이라는 것이다. 따라서 기본적으로 사회 질병의 관점에서 대책을 세울 수밖에 없다. 스스로 조심하는 것과 물리적으로 서로 거리를 두는 것 외에 달리 방도가 없다. 전염의 속성을 지녔다는 점에서 역병은 사회 질병이다. 사회적으로, 나아가 정치적으로 잘 대응하는 것이 무엇보다 중요하다. 사회 질병인 한 역병은 사회적인 특성을 띤다. 물론 코로나19가 국경을 넘어 전 인류적 또는 전 지구적 사태라는 점에서 엄밀히 말해 그런 성격 규정은 맞지 않다. 그럼에도 그 대응이, 개별 국가의 경계 안에서 이뤄지기 때문에 사회적 특성을 띤다.

사회 질병인 까닭에 역병이 공동체에 끼치는 영향도 매우 컸음을 역사는 말해준다. 어떤 경우는 문명사적인 전환이라고 부를 정도의 변화를 만들어내기도 했다. 예컨대 기원후 169년에 발생한 '안토니누스 역병'은 그리스도교가 확산하는 데, 기원후 541년에 발생한 '유스티니아누스 역병'은 비잔티움 제국이 쇠퇴하고 이슬람 세력이 흥기하는 데 영향을 미쳤다. 이처럼 역병은 지정학적인 경계의 변화나 정신사적인 근간의 변화를 크게 가져왔다. 앞으로 자세히 살펴보겠지만, 기원전 430년의 아테네 역병도 전통 사회를 해체하고 새로운 사회를 형성하는 데 결정적으로 작용했다. 역병이 동반한 죽음의 공포가 전통적인 가치체계와 기존의 정치적인 위계 및 질서를 무너뜨린 것이다. 이 과정에서 사람들은 삶의 조건과 방식을 새로이 정립했고, 질병 자체를 막아내기 위해 공동체 차원의 대응책을 모색했으며, 특히 지도자의 정치적 리더십에 대해 고민하고 성찰했다.

나는 먼저 역사가 투키디데스기원전 545~399년가 아테네 역병 사태를 어떻게 관찰했는지 그의 『펠로폰네소스 전쟁사』를 통해 살펴보려 한다. 그의 보고는 역병이 어떻게 퍼졌는지 그 전파 경로를 제시하고 있다. 흥미롭게도 이 동선을 따라서 인간을 둘러싼 중층적인 사회관계의 구조도 드러나는데, 역병이 창궐하면서 개인·가족·신전·국가 공동체가 속절없이 무너지고 해체되어가는 모습을 잘 그려내고 있다. 개인적 측면에서, 병자는 죽음의 공포에 짓눌려 극단적인 쾌락을 좇는가 하면 목숨을 건진 자는 삶에 대해 과신하는 오만함에 빠졌다. 사회적 측면에서, 공동체는 힘없는 자나 특정 세력을 희생양 삼아 원인을 알 수 없는 질병이 초래한 혼란과 절망에서 벗어나려 했다. 이처럼 투키디데스는 개인적 측면이든 사회적 측면이든, 이성이 아니라 감정(욕망)에 휩싸여 자신들이 어디로 가야 하는지도 모르는 상황을 주목했다.

소포클레스기원전 497~406년는 『오이디푸스 왕』에서 역병을 극복하는 데 필요한 통치자의 리더십이 무엇인지를 제시했다. 재난의 상황에서 통치자는 그 위기를 초래한 원인을 정확히 규명하고 필요하다면 책임지는 자세도 가져야 할 것이다. 이 작품은 역병을 물리치기 위해 테베의 시민들이 오이디푸스 왕에게 무엇을 요구했고, 오이디푸스 왕은 거기에 어떻게 응했는지를 보여준다. 자기 눈을 찌르며 스스로 추방을 선택한 오이디푸스의 행위는 역병의 관점에서 아테네 시민들이 바라 마지않던 지도자의 모습이었을 것이다. 아울러 기원전 2500여 년 전에도 역병이 사회 질병이라는 사실을 분명히 인식하고 있었음을 확인한다.

역병을 상대하는 통치자의 리더십과 관련하여, 에우리피데스기원전 485~406년의 『미친 헤라클레스』를 살펴본다. 전쟁에서의 리더십과 역병을 상대할 때의 리더십은 그 성격이 다를 것이다. 거침없는 용기가 필요할 때가 있는가 하면, 사려 깊은 판단과 신중한 행동이 필요할 때도 있다. 특별히, 이 작품은 정치의 관점에서 내부로 향하는 증오의 폭력성이 광기에 이르게 되는 위험성을 고발하고, 상징적 인물 '헤라클레스'의 힘이 갖는 양면성을 재고하며 새로운 정의관을 요청한다.

한편 플라톤기원전 427~348년은 기존의 전통적인 정의관이 역병과 전쟁으로 붕괴된 아테네 도시 국가를 통합하고 삶의 가치관을 재정립하는 데 더 이상 적합하지 않다고 보았다. 즉 새로운 정의관을 세우는 일인데, 이와 관련하여 그가 제시한 두 가지 논의를 소개한다. 하나는 인간 본성에 대한 논의이고, 다른 하나는 개인과 개인 또는 개인과 공동체의 관계를 구성하는 정의에 대한 논의이다. 전쟁과 역병이라는 국가 위기 상황에서 개인이나 공동체의 생존에 가장 중요한 것이 '정의'임을, 궁극적으로 좋은 나라 좋은 인간을 만드는 것은 교육임을 강조한다. 무엇보다 플라톤은 당대 아테네 사회를 지배하던 두 정의관, 다시 말해 '친구를 사랑하고 적을 미워하라'는 배제주의 정의관과 '정의는 강자의 이익'이라는 현실 추수주의追隨主義 정의관을 극복하려 했다.

마지막으로 호메로스기원전 8세기의 대서사시 『일리아스』는 그리스 군대의 진중에 퍼진 역병의 참화로 시작되는데, 한 인간의 탐욕과 상대가 느낀 분노, 그에 따른 신의 심판 때문이다. 전쟁을 배경으로 하는 만큼, 죽고 죽이는 비극은 인간이란 무엇인가를 첨예하게 묻는다. 이 작품은 치열한 전투가 끝나면 죽음 앞에서는 누구나 가련한 존재이며, 적일지라도 연민과 사랑을 품을 수밖에 없는 것이 인간임을 드러낸다. 이런 자각은 아테네 사회를, 아니

지금 우리가 사는 세상을 지배하는 저 두 정의관을 극복할 수 있게 할 것이다. 역병과 전쟁의 위기는 물론, 인류가 처하는 어떠한 위기 앞에서도 가장 중요한 깨달음일지 모른다.

이처럼 고대 그리스의 인문학자들은 아테네 역병이라는 사태를 통해 그 혼란의 사회상을 해부하고 그 시대가 요구하는 지도자와 새로운 정의관을 제시하려 고민했다. 아울러 인간의 본성을 탐색하며 더 나은 세상을 열고자 했다. 그들의 성찰은 팬데믹의 시간을 살아가는 우리에게 시사하는 바가 크며, 이 시대의 질문에 뚜렷한 목소리로 응답하고 있다.

역병이 가져온 욕망

투키디데스, 『펠로폰네소스 전쟁사』

Historiae

Thucydides

아테네인들은 이중의 고통에 시달렸다. 도시 안에서는 사람들이 죽어 나
갔다. 도시 바깥에서는 영토가 약탈당했다. 이처럼 어려운 시대에는 노인
들이 아주 오랜 옛날부터 전해오는 노래를 입에 올리는 법이다. "도리아
족과 전쟁을 벌이면 역병이 함께 따라온다"고.

역병으로 무너진 국가

투키디데스의 『펠로폰네소스 전쟁사』는 기원전 431년에서 404년까지 아테네를 중심으로 하는 델로스 동맹과 스파르타를 중심으로 하는 펠로폰네소스 동맹이 맞서 싸운 전쟁을 기록한 책이다. 이 역사서는 아테네 역병을 자세히 다루고 있다. 투키디데스의 관찰이다.

(3) 그들이 앗티케에 머무르고 며칠이 되지 않아 아테네인들 사이에 처음으로 역병이 돌기 시작했다. 이전에도 렘노스 등지에 역병이 돌았다는 보고는 있었지만, 이토록 창궐해 인명 손실이 크게 났다는 기록은 아무 데도 없다. (4) 처음에는 무슨 병인지 몰라 의사들이 제대로 치료할 수 없었다. 환자들과 접촉이 잦으니 실제로 의사들이 가장 많이 죽

었다. 인간의 그 밖의 기술도 전혀 소용이 없었다. 신전에 가서 탄원을 해도, 신탁에 물어도, 그밖에 이와 비슷한 행위를 해도 소용없기는 매일반이었다. 마침내 사람들은 재난에 패배하여 그런 짓마저 포기하고 말았다. 제2권 47장

투키디데스는 산 정상에서 아래를 전체적으로 조감하듯이 역병 사태를 묘사하고 있다. 17세기 플랑드르 출신의 화가 미힐 스베이르츠Michiel Sweerts, 1618~64의 「아테네의 역병」은 이를 잘 표현해주고 있는데, 한마디로 아테네의 재난도災難圖라고 할 수 있다.

그림을 자세히 한번 살펴보자. 죽음에 패배한 사람들이 공포에 짓눌린 채 백주대로에 몰려나와 있다. 한가운데 두건과 토가를 두른 의사는 들어주는 이도 없건만 현실을 직시하라는 듯 왼손으로 시신과 땅을, 오른손으로 신전을 가리키고 있다. 하지만 눈은 정작 죽어가는 노파를 바라본다. 이는 치료약이 없는 절망적인 상황을 상징적으로 표현한다. 그 뒤를 따르는, 그림에서 가장 건강한 모습의 젊은 여자는 상황 파악을 못 한 듯 어리둥절한 표정으로 옷자락만 그러쥐고 있다. 무너진 신전 기둥은 무엇을 해본들 소용이 없다는 현실을 말해준다. 죽은 여인 앞에

투키디데스, 「펠로폰네소스 전쟁사」

코를 감싸 쥔 노예와 아무것도 모른 채 엄마를 찾는 아이, 눈물을 닦으며 아이를 달래는 할머니의 모습이 대조를 이룬다. 죽은 여인의 남편으로 보이는 한 남자가 머리를 쥐어뜯으며 서 있다. 널브러진 시신이 방치되어 있어도, 그 시신을 거두는 이가 쓰러져 있어도, 누구 하나 관심을 보이는 사람이 없는 광경이 전면을 채운다.

그 뒤로 신전을 향해 기도하는 무리가 있다. 한 젊은이가 "나만 살려달라"는 듯 두 손을 모은 채 뛰어가보지만, 신전 계단에도 시신이 쓰러져 있고 그 옆에 한 여인은 고개를 젖히고 앉아 있다. 질서와 조화를 관장하던 권위 있는 중앙 관청은 텅 비어 있다. 그런 와중에도 몇몇 정치인들은 서로 등을 돌린 채 권력의 상징인 오벨리스크 아래 서 있다. 하지만 아무도 그 근처에 가려고 하지 않는다. 그들의 말에 귀 기울이지 않는다. 오히려 사람들의 마음을 사로잡은 것은, 역병이 가져온 공포와 불안을 이용하려고 음모를 꾸미는 또 다른 정치 세력들의 말이다.

이처럼 투키디데스가 47~54장에 걸쳐 기술한, 절대 절망에 빠져 방향을 잃은 아테네를 화가 스베이르츠는 한 폭의 그림에 담아냈다. 투키디데스의 글을 다시 언급할 필요 없이 이 그림 하나로 그 상황 묘사는 충분할 것이다. 그럼에도 이후의 논의를 위해서 투키디데스의 기록과, 특히 스베이르츠의 그림을 제대로 보는 데 도움이 되는 관전 포인트 한두 가지는 언급할 필요가 있겠다. 그중 하나는 그림 절반을 차지하는 상단의 텅 빈 건물이 실은 사라져버린 국가의 알레고리라는 것이다. 사람들은 도움을 구하기 위해 국가로 달려가지 않는다. 국가도 대책이 없기 때문이다. 또 다른 하나는 역병이라는 재난을 종식시킬 치료제가 마땅히 없다는 것이다. 의사 자신도 혼란스럽다. 그의 시선이 향하는 곳과 손이 가리키는 방향은 각기 다르다. 이런 상황에서는 신이든 가족이든 그 누구도 힘이 되지 못한다. 다시, 투키디데스의 말이다.

(4) 신들에 대한 두려움도 인간의 법도 효력이 없었다. 신들에 대한 두려움으로 말하자면, 좋은 사람이든 나쁜 사람이든 죽음 앞에서는 어떤 차이도 없다는 것을 보게 되자 사람들은 신을 경배하든 안 하든 아무 상관이 없다고 생각했다. 인간의 법에 대해서 말하자면, 재판까지 가서 처벌을 받고 죽게 되리라 여기는 사람은 아무도 없었다. 사람들은 저마다 자기보다 더 가혹한 처벌을 받은 사람은 없다고 판단했고, 죽음이 집행되기 전에 인생을 조금이라도 더 즐기

24

미힐 스베이르츠의 「아테네의 역병」(1652~54). 역병 앞에 제 역할을 하지 못하는 아테네의 절망적인 상황을 사실적으로 표현했다.

는 것이 맞다고 생각했다. 제2권 53장

   투키디데스는 역병이 창궐하여 국가 차원에서는 질서와 정의를 바로 세우는 법률이 붕괴했고, 그 법률을 정당화하고 안착시켜온 종교마저 무너졌다고 기록한다. 또한 개인 차원에서는 도덕과 윤리가 사라진 자리에 죽음의 공포가 찾아오고 그것을 잊으려 쾌락에 빠진 사람들을 냉정한 시선으로 묘사한다.

   한편 투키디데스는 『펠로폰네소스 전쟁사』에서 역병이 급습하고 확산하여 재난에 직면한 아테네 상황을, 스파르타 군대의 침략에 맞서 싸우다가 전사한 군인들을 기리는 페리클레스의 추도 연설 바로 다음에 배치했다(페리클레스는 아테네를 전성기로 이끈 민주적 지도자의 전형이다). 이런 구성에 주목하는 이유는, 지도자의 통치 리더십에 따라 국가 위기의 양상이 어떻게 달라질 수 있는지 비교해볼 수 있기 때문이다. 다시 말해, 눈에 보이는 적군과의 싸움에서 패한 아테네는 페리클레스라는 통치 리더십이 있어 다시 희망과 승리로 나아갔지만, 보이지 않는 적인 역병과의 싸움에서 아테네는 그 리더십이 부재하여(기원전 429년에 페리클레스는 역병으로 사망한다) 방향을 잃고 말았다. 이 비교가 중요한 또 하나의 이유는, 전쟁에서 승리하는 데 필요한 통치 리더십과 역병을 물리치는 데 필요한 통치 리더십 사이에 존재하는 근본적인 차이를 분명히 드러내기 때문이다. 투키디데스에 따르면, 페리클레스는 아테네가 필연적으로 스파르타를 이길 수밖에 없다는 말로 시민들을 위로하고 희망을 고취하여 나라를 하나로 통합한다. 페리클레스의 말이다.

37 (1) 우리의 정체는 다른 나라의 제도를 모방한 것이 아닙니다. 우리는 남을 모방하기보다는 남이 우리를 모범으로 삼게 합니다. 소수가 아니라 다수의 이익을 위해 나라를 통치하기에 우리의 정체를 민주정치라고 부릅니다. 시민들 사이의 사적인 분쟁을 해결할 때 모두는 법 앞에서 평등합니다. 중요한 공직을 맡길 때는 개인의 탁월함을 우선적으로 보고, 추첨이 아니라 개인의 능력을 중시합니다. 또한 누가 가난하다 할지라도 국가를 위해서 좋은 일을 탁월하게 행할 능력이 있다면 그 가난 때문에 공직에서 배제되는 일은 없습니다. (…) (3) 사생활에서 우리는 자유롭고 관대하지만, 공적인 일에서는 법을 준수합니다. 법에 대한 경외심 때문입니다. 우리는 어느 때든 공직자와 법을 따릅니다.

특히 억압받는 사람을 보호하기 위해 제정한 법을 존중합니다. 이를 어기는 것은 치욕임을 불문율로 삼고 기꺼이 따릅니다. (…) 39 (1) 군사 정책에서도 우리는 적들과 다릅니다. 우리나라는 온 세계에 개방되어 있습니다. 적에게 유리할 수 있는 군사 기밀을 훔치거나 알아내는 것을 막기 위해서 외국인을 추방하지도 않습니다. 우리는 이른바 비밀 병기보다도 우리의 용기와 기백을 더욱 믿기 때문입니다. 교육도 우리는 적들과 다릅니다. 스파르타인들은 어려서부터 용기를 북돋우기 위해 혹독한 훈련을 받습니다. 우리는 자유로운 삶을 즐기면서도 그들 못지않게 위험에 맞설 각오가 되어 있습니다. (…) 41 (1) 한마디로 우리나라 전체가 헬라스 세계의 학교입니다. (…) (5) 바로 이런 나라를 위해서 여기 이분들이 용감하게 싸우다가 죽어간 것입니다. 이런 나라를 잃어서는 안 된다는 것이 이분들의 생각이었습니다. 자, 그러므로 살아남은 우리도 모두 이런 나라를 위해서 당연히 노고를 감수해야 할 것입니다. 제2권 37~41장

강조하건대 페리클레스의 연설에 부각되어 있는 이런 국가의 모습이 스베이르츠의 그림에서는 텅 빈 것으로 그려졌다. 다시 말해서 통치 리더십의 있고 없음이 여기서

드러난다. 비록 전쟁에 패하여도 페리클레스가 있었던 시기에는 법이 살아 있었고 관용과 포용의 정신이 작동했으며, 명예를 중시하고 자율성과 자발성에 기초한 공동체는 굳건했다. 하지만 그림에서는 아테네의 이러한 탁월한 정신과 면모는 찾아볼 수 없다. 이는 역병이 전쟁보다 더 심각한 재난일 수 있음을 말해준다. 전쟁이라는 위기가 찾아오면 공동체가 단결하여 어떻게든 극복할 수 있지만, 역병이라는 재난이 닥치면, 특히 개인의 생존을 직접적으로 위협하므로 국가를 지탱해주던 문명의 기제들이 아무런 효력이나 소용이 없음이 드러난다. 의사·가족·국가·신전 그 무엇도 병자에게는 도움이 될 수 없었기 때문이다.

투키디데스의 관찰은 문명사적인 관점에서 여러 가지를 생각하게 한다. 이른바 '말세末世', 다른 말로 문명의 종말 같은 모습을 엿볼 수 있어서다. 가족·사회·국가·신전에 대한 생각도 근본적으로 바뀌는데, 이것들이 더는 생명을 보호하거나 죽음을 막아주는 제도적 장치가 아님을 깨닫는다. 오히려 죽음의 세계로 데려다주는 사자使者들이었다.

욕망은 전쟁을 부추기고

시작이 있으면 끝도 있는 법이다. 기원전 430년에 시작되어 약 5년여 간 위세를 떨친 역병이 마침내 아테네에서 물러났다. 그런데 흥미롭게도 투키디데스는 역병이 발생하고 창궐하는 과정은 자세히 기록했지만, 역병을 물리치고 극복하는 과정은 어떤 기록도 남기지 않았다. 역병의 퇴치도 역사적인 의미가 있는 중요한 사건이 아닌가. 물론 치료제가 없으니 그냥 견디는 것 외에 다른 방도가 없어서 그랬을 수 있다. 하지만 투키디데스가 『펠로폰네소스 전쟁사』에서 역점을 둔 것은, 역병이 휩쓸고 지나간 뒤 아테네의 일상과 시민들의 마음 상태를 관찰한 지점이다. 말하자면 '포스트 팬데믹Post-Pandemic' 시대의 양상에 주목한 것이다. 투키디데스의 기술이다.

(1) 이렇듯 아테네인들은 이중의 고통에 시달렸다. 도시 안에서는 사람들이 죽어 나갔다. 도시 바깥에서는 영토가 약탈당했다. (2) 이처럼 어려운 시대에는 노인들이 아주 오랜 옛날부터 전해오는 노래를 입에 올리는 법이다. "도리아족과 전쟁을 벌이면 역병이 함께 따라온다"고. (3) 옛 노래에 나오는 단어는 '역병loimos'이 아니라 '기근limos'이었다는

이야기도 있지만, 지금 상황을 둘러보면 '역병'이라는 말이 설득력을 가진다. 사람들은 언제나 자신의 기억을 자신의 경험에 기대기 때문이다. 그러나 이번 전쟁이 끝난 뒤에 도리아족과 또다시 전쟁을 벌이고, 그 결과로 기근이 찾아온다면, 그때 사람들은 틀림없이 '기근'이라는 말로 노래할 것이다. 제2권 54장

인용은 아테네 역병 이후의 모습을 제시하고 있는데, 이는 요즘 인구에 회자되는 '경제 코로나'에 해당한다고 할 수 있다. 투키디데스는 기근에 따르는 약탈이나 방화 같은 일탈 범죄들에 대해서는 어떤 언급도 하지 않는다. 그 대신 역병과 그에 더불어 닥친 기근이 합작해서 빚어낸 사회현상을 관찰하는 데 집중한다. 어쩌면 이것이 그에게는 더 중요하고 심각한 문제였다. 투키디데스에 따르면, 죽음의 공포에서 벗어난 배고픈 사람들의 마음을 지배한 것은 '더 많이 가지고 싶어하는 욕망pleonexia'이었다. 이 욕망은 전쟁이라는 외적 요인과 결합하여 한껏 부풀어 올랐다.

팽창된 욕망의 풍선을 탄 아테인들에게 전쟁은 이중적인 의미였다. 한편으로는 공포의 대상이었지만 또 한편으

로는 자신들의 욕망을 실현해줄 수단이었다. 아테네인들은 후자를 택했다. 따라서 정치가의 성공을 결정하는 것은 배고픈 시민들의 욕망을 충족시켜주는 일이었다. 이 욕망을 자극하면 할수록 권력도 더욱 커졌다. 이러한 욕망과 권력의 관계를 통찰한 것이 바로 『펠로폰네소스 전쟁사』다. 전쟁과 함께 역병도 오지만 역병이 오면 전쟁도 함께 찾아온다. 굶주림으로 고통에 시달린 사람들의 욕망을 채워주기 위해서는 국가 차원의 약탈은 선택이 아닌 필수 수순이었기 때문이다. 『펠로폰네소스 전쟁사』 제6권은 아테네인들이 이런 욕망으로 시칠리아 원정에 나섰다가 참패하여 죽음을 맞는 장면을 세밀하게 그려냈다.

다음 그림에서 볼 수 있듯이, 아테네 시민들이 이렇게 처참하게 죽게 된 상황을 거슬러 올라가면, 그 발단은 역병과 기근이었다. 아울러 그에 동반한 공포와 슬픔, 불안과 불만이었다. 역병과 기근은 외부의 적 못지않게 무서운 내부의 적이었다. 그것은 정권의 안위와 존립을 흔드는 요인이었다. 공동체의 통합을 저해하고 위협하는 사회 불안의 핵심 인자였다. 아테네의 정치가 알키비아데스는 이런 욕망을 더욱 부추겨서, 전쟁을 일으킴으로써 사회적 위기 인자들을 밖으로 돌리려 했으나 처참하게 패한다.

기원전 415년 시칠리아 원정에서 몰살되는 아테네 군대(1893). 역병과 기근이라는 사회의 불안 요인이 아테네인들을 전쟁으로 몰고갔다.

치유의 공간인 신전과 극장

아테네인들도 기근이 불어넣은 욕망이 약탈과 원정이라는 외적인 수단만으로 해결될 수 없다는 것을 알고 있었다. 역병과 전쟁이 초래한 이른바 재난 스트레스를 어떻게든 해소할 통로가 필요했다. 그것이 다름 아닌 극장이었다. 정처 없는 욕망, 치밀어오르는 분노, 죽어가는 자들에 대한 연민, 자기도 죽을지 모른다는 공포에 짓눌린 사람들을 때로는 위로하고 때로는 웃게 하는 감정의 정화Katharsis 장치가 희극이고 비극이었다. 아리스토텔레스는 『시학』에서 비극이 공포와 연민을 정화한다고 했는데, 사실 이 말은 비극이 전쟁과 역병에 짓눌린 인간의 고통을 어루만지는 치유제라는 사회정치적인 맥락에서 바라볼 때 분명하게 해명된다.

이런 의미에서 아크로폴리스 언덕에 의술의 신인 아스클레피오스 신전과 술과 연극의 신인 디오니소스 극장이 나란히 붙어 있었던 것은 결코 우연이 아니다. 하나는 자연 질병으로서 역병을 의학적으로 치료하는 곳이지만, 다른 하나는 사회 질병으로서 역병이 낳고 퍼뜨린 공포와 연민, 불안과 불만을 풀어주는 치유의 공간이었기 때문이다. 이 두 공간은 역병을 대하는 아테네 시민들의 시선이 양면적이었음을 잘 보여준다. 자연 질병으로서 역병을 물리치기 위해, 기원전 419/418년에 아테네 시민들은 디오니소스 극장 서쪽에 아스클레피오스 신전과 건강과 위생의 신인 히기에이아를 모시는 신전을 세웠다. 그것은 한편으로 역병을 치료하고, 다른 한편으로 펠로폰네소스 전쟁에서 부상당한 군인들을 치료하기 위함이었다. 신전의 건립과 건축을 주도한 사람은 텔레마코스 아카르네아스Telemachos Acharneas였는데, 그의 공적을 기리는 송덕비가 지금도 남아 있다. 거기에는 의학의 신을 에피다우로스(기원전 6세기 이래 아스클레피오스의 성소로 유명한 도시였다)에서 아테네로 모셔왔다는 이야기와 도리아 양식의 기둥으로 된 신전 공간에 일종의 병실katagogion을 두어 역병 환자들을 치료했다는 이야기가 남아 있다.

다음 그림은 최근에 복원한 아스클레피오스 신전이다. 아테네인들의 성소인 아크로폴리스에 이 신전이 세워진 것은 역설적으로 역병 때문에 의술을 대하는 시민들의 생각이 바뀐 덕분이었다. 이것은 보이지 않는 적인 역병을 상대하는 전술과 전략이 변화했음을 의미한다. 그들은 디오니소스 극장을 증축하고 희극과 비극을 경연하는 축제를 열었다. 상연된 연극의 주제는 크게 두 가지로 나뉘

역병이 가져온 욕망

최근 복원한 아스클레피오스 신전. 아테네인들은 역병을 겪으면서 의술에 대한 생각이 바뀌었고, 성소 아크로폴리스에 아스클레피오스 신전을 세우게 되었다.

는데, 하나는 욕망의 열기를 가라앉히려는 것이었고, 다른 하나는 전쟁과 역병을 극복하는 데 적합한 정치 리더십은 어떠해야 하는지 성찰하는 것이었다. 신전과 극장은 모두 시민들을 위한 시설이기에 가까운 곳에 세웠겠지만, 신전에서 치료를 받던 환자들에게 연극을 상연하여 즐거움과 위로를 주고자 한 이유도 컸으리라. 다음 부조는 중세 어느 도시의 벽에 새겨진 것으로, 아킬레우스에게 음악을 가르쳤던 켄타우로스가 무용수에게 노래를 불러주는 장면이다. 당시 페스트로 고통받는 환자에게 음악의 역할이 중요했음을 시사한다.

디오니소스 극장도 이런 기능을 담당했다. 극장은 시민들에게 즐거움을 선사하는 놀이 공간이었지만, 한편으로 감정을 정화하여 시민들의 마음을 치유하고, 나아가 올바른 정치의식을 길러줌으로써 성숙한 사회를 만들기 위한 교육의 장으로 활용되었다. 물론 알키비아데스가 주도한 시칠리아 원정이 초래한 참사를 놓고 볼 때, 극장 교육이 과연 얼마나 그 역할을 다했는지는 의문이 들지만, 당시 상연된 작품들은 지금까지 남아 있다.

역병은 비유적으로든 실제적으로든 당대 드라마 작가들의 이야기와 언어 속에 반영되어 있고, 어떤 작품들은

음악을 연주하는 켄타우로스(중세 시대의 부조). 당시 페스트로 고통받는 환자에게 음악의 역할이 중요했음을 시사한다. 고대 그리스에서도 신전 옆에 극장을 나란히 세워 신전에서 치료를 받던 환자들에게 연극을 상연하여 위로를 주고자 했다.

역병 자체를 주요 소재로 삼기도 했다. 소포클레스의『오이디푸스 왕』과 에우리피데스의『미친 헤라클레스』가 대표적이다. 앞의 작품이 역병의 원인을 정치에서 찾으려 했다면, 뒤의 작품은 역병을 극복하기 위해 통치자에게 어떤 자질과 정치적 리더십이 요구되는지를 따져 묻는다.

역병이 가져온 욕망

진실한 통치자

소포클레스, 『오이디푸스 왕』

Oedipus Tyrannos

Sophocles

나는 이 사건을 다시 수사하겠소. 진실을 기필코 밝히겠소. (…) 먼 친척
을 위해서가 아니라 나 자신을 위한 것이기에. 나는 이 나라에서 그 더러
움을 찾아 반드시 추방할 것이오.

역병이 덮친 테베, 오염의 주범은?

소포클레스는 비극 작가로 잘 알려져 있다. 하지만 그는 기원전 433년 델로스 동맹을 이끄는 10인회의 위원이었고, 펠로폰네소스 전쟁 초기에는 해군 제독으로 여러 차례 전투에 참가한 군인이며 정치가였다. 그래서일까 아테네 역병과 관련하여, 투키디데스가 객관적이고 과학적인 관찰을 중시했다면, 소포클레스는 대표작『오이디푸스 왕』에서 역병의 원인과 치료책을 정치에서 찾으려 했다. 소포클레스가 역병을 정치적인 사건으로 보고 있음은, 그 두 부분이 따로 분리될 수 없다는 생각에서 결정적으로 드러난다. 즉, 치료책이란 의술적인 처방이 아니라 정치적인 정화였기 때문이다. 사실 역병의 원인 진단도 의술적인 것이 아니라 정치적인 것이었다.

잘 아는바, 스핑크스의 수수께끼를 풀어 테베의 왕이 된 오이디푸스는 나라에 역병이 돌자 근심한다. 그는 처남 크레온을 아폴론 신전에 보내 신탁을 청한다. 신전에서 돌아온 크레온의 말이다.

　포이보스 왕은 우리에게 분명히 말하셨소. 이 땅에서 키워진 나라의 더러움을 몰아내야 하고, 치료할 수 없을 때까지 품고 있어서는 안 된다고 말이오. 96~98행

　신탁이어서 중의적이지만 역병의 원인은 어떤 더러움이다. 그 더러움을 정화해야 한다는 점에서, 그런데 그 더러움이란 선왕을 살해한 행위이고 살해자를 이 땅에서 추방하는 것이 역병을 치료하는 방법이라는 점에서, 소포클레스에게 역병은 사회 질병인 동시에 정치적인 사건이었다. 여기서 역병을 대하는 소포클레스의 시각은 자연학적인 관점이 아니라 정치적인 관점임이 분명히 드러난다.
　소포클레스의 『오이디푸스 왕』은 아테네 역병이 발생한 지 1~5년 뒤인 기원전 429~425년에 디오니소스 극장에서 상연되었다. 이야기는 흥미롭게도 역병이 덮친 테베를 구원하기 위해 무대에 오른 오이디푸스의 탄식으로

시작된다. 즉 이 작품이 아테네 역병을 염두에 두고 씌어졌음을 여실히 보여준다.

내 아들들이여, 오래된 카드모스의 새로 태어난 자손들이여, 어인 일로 그대들은 양털실을 감아 맨 나뭇가지를 들고 여기 이 제단 가에 탄원자들로 앉아 있는가? 온 도시가 향을 태우는 연기와 구원을 비는 기도와 죽은 자들을 위한 곡소리로 가득하구나. 1~5행

무대에 등장한 오이디푸스에게 테베의 사제는 구원을 간청한다.

도시는 이미 풍랑에 마구 흔들리고, 죽음의 파도 아래에서 고개를 들지 못하고 있습니다. 죽음이 대지의 열매를 맺는 꽃받침을, 들판에서 풀을 뜯는 소 떼를, 아이를 낳지 못하는 여인들을 덮고 있습니다. 불을 가져다주는 신이, 가장 사악한 역병이 도시를 뒤쫓고 있습니다. 카드모스의 집은 비어가고, 어두운 하데스는 눈물과 신음으로 가득 채워지고 있습니다. (…) 죽어야 할 인간들 가운데 가장 탁월한 분이시여, 나라를 다시 일으켜주소서. 그대의 명예를 지키

소서. 이전에 보여준 노력으로 이 나라는 그대를 구원자라고 부릅니다. 22~49행

소포클레스는 오이디푸스 왕을 역병의 치료자이자 나라의 구원자라고 부른다. 여기서도 역병을 대하는 소포클레스의 시각을 다시금 확인할 수 있다. 즉 역병은 사회 질병이고, 그 치료책이 정치라는 것이다. 원인을 알 수 없고 치료제가 없어서 역병을 신이 보냈다고 믿은 당시에는 자연스러운 진단이다. 소포클레스는 역병의 원인을 알아내는 것이 곧 역병을 치료하는 것이라 본다. 의술에서는 병인의 제거를 치료로 보는데, 이런 시각은 정치에서도 통용된다. 고통의 원인을 사라지게 하는 것이 의술의 치료이고, 재난의 원인을 없애는 것이 정치가 해결해야 하는 일이기 때문이다.

이런 생각을 바탕으로 서양 고대에서 흔히 쓰인 정치적인 장치가 희생양scapegoat 제도다. 역병이 발생하게 된 것은 공동체가 오염되었기 때문이고, 오염의 주범을 찾아내 공동체 밖으로, 즉 사회 밖으로 추방하거나 희생시키는데, 이때 그 대상은 주로 신체적 약자이거나 사회적으로 소외되고 배제된 이들이었다. 하지만 사태의 규모와

심각성 정도에 따라 하늘에 있는 신들이 분노하여 역병을 내렸다고 보기도 했다. 이는 하늘 위 신들의 세계와 땅 위 인간의 세계를 매개하는 통치자가 잘못한 탓이라 여겨 사태의 원인과 책임을 그에게 돌리고 그를 희생양 삼아 공동체 밖으로 추방한다. 아이스킬로스의 『아가멤논』이나 소포클레스의 『오이디푸스 왕』에서 주인공들은 이렇게 쫓겨나거나 살해된 통치자들이었다.

그런데 소포클레스가 오이디푸스 왕을 희생양 삼는 방식을 통해 전하려는 메시지는 그 제도를 전면적으로 뒤엎는 비판에 있다. 남에게 책임을 전가하는 식으로 자신의 잘못을 회피하면서 안도하는, 바로 그런 자들의 사고방식을 정면으로 공격하는 것이 『오이디푸스 왕』을 관통하는 주제다.

이야기의 중심 사건은 다음과 같다. 테베를 오염시킨 발단은 오이디푸스가 두 갈래로 갈라지는 어느 삼거리에서 자신의 아버지 라이오스를 살해한 사건이었다. 오이디푸스는 라이오스가 아버지인 줄 몰랐다. 시비를 어느 쪽에서 먼저 걸었든 그가 저지른 행위는 미필적 고의에 해당한다. 잘못이 있다면 그것은 혈기를 자제할 줄 몰랐던 젊은이의 미숙함에 있었다. 명예를 중시하던 오이디푸스의 입장에서, 더욱이 그가 왕자라는 점을 감안한다면, 길거리에서 벌어진 사건이 그 자신에게는 별일이 아니었을지 몰라도 테베에는 재앙의 근원이 된다. 힘과 패기만 믿은 그런 성급함은, 청년 오이디푸스와 같은 젊은이들이 지배하던 도시 테베의, 더 정확하게는 아테네의 정치적인 상황을 상징적으로 말해준다.

이처럼 세대 간의 질서가 무너지는 현상은 전시에 더욱 만연해진다. 이와 관련된 이야기는 아리스토파네스의 희극 작품들에 잘 드러나 있다. 거기에는 청년의 패기와 노인의 지혜 사이에서 균형과 조화를 잃어버린 아테네 사회의 단면이 적나라하다. 욕망에 부푼 젊은 오이디푸스들이 지배하는 테베는 전쟁과 같은 외부의 적에 대해서는 무서울 게 없는, 한마디로 겸손이라는 소금의 짠맛을 잃어버린 사회였다. 소포클레스는 이것이 역병의 발단이었다고 진단한다. 따라서 그 발단의 원인 제공자가 추방되어야 했는데, 그가 오이디푸스였던 것이다. 여기서 짚고 넘어가야 할 점이 있는데, 다름 아닌 오이디푸스가 테베의 왕으로 등극하는 과정이다. 사실, 라이오스는 테베를 두려움에 떨게 한 스핑크스 문제를 해결하기 위해 신탁을 구하러 델포이로 가던 길이었다. 하지만 불행하게도 그 도중에 아들에게 살해되고 말았다. 오이디푸스는 스핑크스가 낸 수수께끼를 풀고 테베에 덮친 재난을 극복한다. 스핑크스가 오이디푸스에게 묻는다.

이것은 무엇인가? 네 발, 두 발, 세 발인데, 하나의 이름을 가진 것은.

정답은 '인간'이다. 오이디푸스는 답을 제시하여 스핑크스를 물리친다. 그 덕분에 왕좌에 오르고, 자신의 어머니와 결혼하여 자녀를 낳았으며, 자식이자 아버지로 살면서 테베를 통치한다. 이 답을 맞혔다는 것이 그가 왕좌를 차지할 만한 능력을 입증하는 것인지는 알 수 없다. 하여 약간의 해명을 해야 하는데, 사연인즉, 신화적으로 스핑크스는 자연 재난을 상징하는 존재다. 특히 가뭄과 더불어 역병과 기근을 일으키는 신적인 힘이다. 라이오스는 이 난제를 풀지 못했으나 오이디푸스는 해결한다. 이는 인간이 지식과 기술을 이용하여 자연 재난을 물리쳤다는 뜻이고, 이런 의미에서 오이디푸스라는 이름은 인간의 지적 능력을 상징하는 제유提喩의 표현이다. 오이디푸스 Oedipus(부은 발을 뜻함)라는 이름 자체가 지적 능력이 지

도자기에 그려진 오이디푸스와 스핑크스(기원전 470년경). 스핑크스의 수수께끼는 지식으로 오만해진 인간을 돌아보게 한다.

니는 속성, 즉 부풀어 올라 겸손을 모르는 인간이라는 의미다. 이것은 어쩌면 지식이 지닌 숙명적인 오만함 때문이리라. 지식은 본디 겸손의 통제를 받지 않는다. 통제가 필요하다면, 그것은 지식이 아니라 인간이어야 하므로 스핑크스의 수수께끼는 겸손의 통제를 받아야 하는 인간의 모습을 지적한 것이다.

범인은 누구인가, 나는 누구인가

경험과 기술과 지식의 총화로서 인간 문명이 역병이라는 자연의 공격을 받게 되자, 즉 헬레네의 학교였던 아테네가 역병의 지배 아래 놓이자, 이를 극복하는 방안으로 소포클레스는 오이디푸스를 무대로 소환한다. 그런데 그가 이 작품에서 제시한 해결책은 뜻밖에도 오이디푸스의 추방이었다. 이전에도 역병을 해결한 경험이 있는 오이디푸스를 내쫓는다는 것은 말이 되지 않는다. 여기서 소포클레스의 통찰력이 돋보인다. 극중에서 오이디푸스는 "이것은 무엇인가?"라는 스핑크스의 질문을 바꾸어 "그는 누구인가?"로 묻는다. 그는 범인을 가리킨다. 하지만 극이 진행되면서 더 근원적인 물음인 "나는 누구인가?"로 나아간다. 이와 같은 물음 방식의 변화는 지성사적인 관점에서 인간 이해에 대한 근본적인 전환이 일어났음을 보여준다.

"이것은 무엇인가?"는 그 자체가 사유의 중요한 한 형식으로 학문하는 기본 방식이었다. 이해를 돕기 위해 잠시 부연하면, 이 물음을 뜻하는 고대 그리스어는 ti esti이다. 영어로 하면 what is it이다. 그런데 이것은 그냥 던지는 질문이 아니다. 플라톤이 서양 철학의 기본 틀을 짤 때 사용한 핵심 도구였다. 그러니까 존재의 세계를 말^{ogos} 위에 세우려 할 때 "그것이 그것이"기 위해서는 일단 로고스의 시험을 거쳐야 하는데, 그 첫 번째 관문이 ti esti였다. 이는 요컨대 "정의란 무엇인가?" "용기란 무엇인가?" "절제란 무엇인가?" "덕이란 무엇인가?" "사랑이란 무엇인가?" 등의 물음에 대한 답을 찾는 과정의 대화를 담고 있는 플라톤의 초기 텍스트들에서 쉽게 확인된다. 예를 들어 "사랑이란 무엇인가?"를 논하는 대화는 『뤼시스』편이다.

이처럼 플라톤은 ti esti라는 물음을 통해서 인류 지성사에 말로 사물을 규정하는 방식을 선사했는데, 다름 아닌 '정의^{definitio}'를 내리는 형식이다. 그런데 이미 스핑크스의 수수께끼에서 보았듯이 ti esti라는 물음은 플라톤이전부터 사유하거나 학문하는 데 있어 중요한 하나의 형식이었다. 자연학자들이 사물과 자연의 원리^{arche}를 궁구할 때 던지는 "세계의 시초는 무엇인가?"라는 물음도 근본적으로 ti esti의 변용이었다. 그렇다면 ti esti가 실은 플라톤의 독자적인 고안물이 아니라 이전부터 내려온 전통의 계승인 셈이다. 하지만 인류의 사유 방식과 철학하는 길을 송두리째 바꿔놓았기 때문에 그것은 단순한 계승이 아니다.

소포클레스로 다시 돌아가자. 그도 ti esti를 이어받았다. 하지만 플라톤과는 다른 방식으로 이 물음을 변용했다. 먼저 그는 이렇게 물었다. "그는 누구인가?" 그리스어로는 tis esti다. 다른 것은 s자 하나인데, 그 차이는 매우 크다. 물론 『오이디푸스 왕』에서는 "범인은 누구인가?"로 표현되지만, 이 물음은 결국 "나는 누구인가?"로 바뀐다. 흥미로운 점은, 플라톤이 인류에게 선사한 정의 내리는 형식으로는 이 물음의 답을 찾기 어렵다는 것이다. 플라톤의 물음은, 누구나 인정할 수밖에 없는 보편적이고 객관적인 지식의 형태로 주어지는 답을 추구하기 때문이다. 하지만 소포클레스가 던진 물음은 개별적이고 주관적인 어떤 상황과 그것에 둘러싸인 한 인간에게 일어나는 고유한 이야기의 형태로 풀 때 답변이 가능하다. 이런 점에서, 어쨌든 소포클레스의 물음과 플라톤의 물음이 찾으려 했던 각각의 해답은 근본적으로 성격이 다르다고 할 수 있다. 도대체 자신이 찾고자 하는 선왕의 살해자가 그 자신이고, 함께 살고 있는 여인이 친어머니이며, 자신이 낳은 아들과 딸이 아버지이자 형이고 오빠라는 사실을 플라톤의 ti esti 형식으로 알아낼 수 있을까? 요컨대 플라톤의 물음 형식으로는 '안티고네에게 오이디푸스는 아버지인가 아니면 오빠인가'와 같은 난제를 풀 수는 없다. 이 점에서 ti esti에 대한 소포클레스의 계승 방식은 독특하다. 단도직입적으로 소포클레스의 "나는 누구인가?"라는 물음은 도대체 답이 가능한 질문일까. 과연 "당신은 누구입니까?"라는 물음 앞에서 "나는 홍길동입니다"라는 식 이외에 또 다른 답을 자신 있게 내놓을 수 있는 사람이 있을까. 있다면 과연 그는 누구일까. 아마도 많지 않을 것이다. 그도 그럴 것이 그 답을 찾기 위한 노력들이 각자의 삶이고 인생이기 때문이다. 어쩌면 이 물음의 답을 찾는 것은 원천적으로 불가능할지도 모른다. 원래 이 물음은 답을 강요하는 것이 아니라, 물음 자체를 반성적으로 숙고하라는 일종의 철학적 화두이기 때문이다.

52

안토니 브로도프스키의 「오이디푸스와 안티고네」(1828). 오이디푸스는 나라를 더럽힌 오염의 원인이 자신임을 알자 스스로 한 말에 따라 추방의 길을 떠났다.

    그렇다면 소포클레스가 "나는 누구인가?"라는 물음을 던진 것이 단지 지성사적인 측면에서 인간 이해에 대한 새로운 통찰을 제시한 것일까? 물론 그렇다고 말할 수 있다. 하지만 소포클레스가 아테네 현실 정치에도 깊이 관여했던 사람이라는 점을 상기해보면, 그가 던진 자기 인식self knowldege의 화두는 사실 욕망의 열기에 들떠 있는 아테네의 청년들을 겨냥한 것이다. 신도 법도 두려워하지 않은 그들에게 해줄 수 있는 충고이자 경고는 과연 무엇이겠는가. 너도 인간이고, 그러니 너 자신을 아는 것이 중요하다, 그 이상 해줄 수 있는 말이 있을까? 이 무렵 소크라테스가 "너 자신을 알라gnothi sauton"고 외친 것도 우연은 아니었다. 물론 이런 말을 한다고 소크라테스를 죽이기까지 한 자들이 아테네 시민들이었는데, 그럼에도 욕망의 풍선을 타고 하늘을 떠다니는 무리를 땅으로 안전하게 이끌기 위해서는 "나는 누구인가?" 정도의 물음이 그나마 최선이었음을 인류의 지성사는 상기시켜준다. 비록 효력은 미미하지만 말이다. 사정이 이러함에도, 그 효력이나마 극대화하기 위해 소포클레스는 오이디푸스를 정치적으로 테베에서 추방한다.

소포클레스, 「오이디푸스 왕」

스스로 선택한 추방의 길

반전은 여기서부터다. 소포클레스는 오이디푸스를 인간적으로도 구제해줄 뿐 아니라 정치적으로도 테베의 구원자로 세운다. 역병을 가져온 자를 뒤쫓는 과정에서 오이디푸스는 자신이 범인임을 알게 된다. 오이디푸스는 물러서지 않는다. 더 이상 범인을 찾지 말라는 아내이자 어머니인 이오카스테의 간청을 거절하고 끝까지 추적한다. 그리고 자신의 정체를 세상에 알린다. 이로써 그는 통치자로서 자기에게 주어진 의무를 다한다. 사실, 그가 추방되어야 하는지 의구심이 들 정도로 작품 속의 오이디푸스는 통치자로서 성실성과 진실성을 보인다. 사제는 오이디푸스에게 역병으로 죽어가는 테베의 백성을 구원해줄 방도를 묻는다.

만일 그대가 지금 통치하고 있듯이 앞으로도 이 나라를 다스리고 싶다면 텅 빈 나라가 아닌 사람들을 다스려야 할 것입니다. 성 안도 텅 비고 배 안도 텅 비어 함께할 사람이 없다면 아무 소용이 없는 일이기 때문입니다. 54~57행

사제는 사람을 살리는 것이 통치자의 의무라고 일갈한

다. 이에 오이디푸스가 답한다.

물론 내 마음도 나라와 나 자신과 백성들 모두를 위해 비탄해하고 있소. 그대들은 깊은 잠에 빠져 있던 나를 깨운 것이 아니오. 나도 하염없이 눈물을 흘리고 있으며, 수많은 길 가운데에서 가야 할 길을 찾고 있소. 해서 내가 할 수 있는 유일한 방도를 찾아 이미 실행에 옮겼소. 64~69행

오이디푸스는 밤잠을 이루지 못한다고 말한다. 통치자의 성실성을 엿볼 수 있는 대목이다. 잠을 설친 끝에 그는 방도를 찾아내는데, 자신의 처남 크레온을 퓌토에 있는 아폴론 신전에 보내 테베를 구할 방법이 무엇인지 신탁을 구하게 했던 것이다. 크레온이 가져온 해결책은, 오이디푸스가 왕이 되기 이전에 테베를 다스렸던 라이오스 왕을 살해한 자를 찾아내 처벌해야만 그 땅을 덮은 더러움miasma이 정화되고, 그럴 때라야 사람들이 다시 살아나며 나라가 바로 설 수 있다는 것이었다. 이에 오이디푸스는 결기 있는 태도를 보인다.

나는 이 사건을 다시 수사하겠소. 진실을 기필코 밝히겠소.

소포클레스, 『오이디푸스 왕』

(…) 먼 친척을 위해서가 아니라 나 자신을 위한 것이기에.
나는 이 나라에서 그 더러움을 찾아 반드시 추방할 것이오.
132~138행

예언자 테이레시아스가 수사의 참고인으로 소환된다.
그런데 오이디푸스의 간곡한 요청에도 뜻 모를 수수께끼
같은 이야기만 반복한다. 하지만 오이디푸스의 압박에 그
는 결국 이렇게 털어놓는다.

그대가 이 나라를 오염시킨 범인이기 때문이오. 353행

오이디푸스가 분노하자 테이레시아스는 재차 말한다.

그대가 바로 그대가 찾고 있는 범인이오. 362행

얼마나 당혹스러웠을까. 도대체 이런 말을 듣고 격분하
지 않을 사람이 누가 있을까. 대놓고 자기를 범인으로 지
목하는 테이레시아스의 배후를 의심하지 않을 사람이 누
가 있을까. 오이디푸스 왕은 크레온을 의심한다. 이제 오
이디푸스와 크레온 사이에 전선이 형성된다.

그래도 나는 통치해야 하네.

— 잘못 통치할 때는 통치하지 말아야 합니다.

오, 국가여! 오, 국가여!

— 이 나라는 그대만의 나라가 아니라 나의 나라이기도 합니다. 627~630행

오이디푸스의 어머니이자 아내이며 크레온의 누이인 이오카스테가 싸움을 말리기 위해 무대에 오른다. 하지만 오이디푸스는 막무가내다.

진실을 밝히지 말라는 당신의 부탁은 들어줄 수 없소. 1065행

그는 거침없이 진실을 향해 나아간다. 그리고 마침내 그 진실에 이른다. 그 순간 오이디푸스는 말한다.

아, 모든 것이 이루어졌고 모든 것이 사실이었구나! 오 햇빛이여! 내가 너를 보는 것도 지금이 마지막이기를! 나야말로 태어나서는 안 될 사람에게서 태어나 결혼해서는 안 될 사람과 결혼하여 죽여서는 안 될 사람을 죽였구나. 1182~1185행

소포클레스, 「오이디푸스 왕」

오이디푸스는 뒤쫓던 범인이 자신임을 실토한다. 나라를 더럽힌 오염의 원인임을 자백한다. 수사하는 자가 동시에 수사를 받는 자임이 밝혀진다. 자신이 내린 명령에 따라 추방되어 마땅한 진범이, 나라의 오염 덩어리가 자기라는 사실이 백일하에 드러난다. 그 순간 오이디푸스는 한 치의 망설임도 없이 어머니의 옷에서 브로치를 뽑아 눈을 찌른다. 자신을 알아보지 못한 자기 눈을 말이다. 그리고 자신이 보살피고 다스렸던 테베를 떠난다. 여기까지가 오이디푸스가 나라를 떠나 추방 길에 오르는 과정의 이야기다.

자신이 범인인 줄 아는 사람이 그 진실을 향해서 주저 없이 나아갈 수 있을까. "드라마니까 가능하다"고 말하는 이도 있을 것이다. 하지만 대다수는 이오카스테처럼 망설일 것이다. 어쩌면 그것이 지극히 인간적인 태도다. 역사는, 자기가 범인임에도 물러날 생각이 없기에 수사조차 하지 않는 자들이 대부분이었음을 말해주지 않던가. 그들의 말로가 어떠했는지 굳이 예를 들 필요는 없겠다.

앞서 소포클레스가 오이디푸스를 추방했다고 했지만, 사실 오이디푸스는 스스로 추방을 선택했다. 온 나라를 더럽힌 것은 그 자신이었다. 따라서 작품의 도입부에서 이미 자기가 내린 칙령에 따라 오이디푸스는 추방의 길에 오른다. 자기 입으로 한 말을 지킨 것이다.

　그는 좋은 통치자였다. 디오니소스 극장 무대에 올려진, 약속을 지키고 법률을 준수하는 통치자 오이디푸스의 모습은 당시 아테네를 이끌던 '데마고고스demagogos'* 들을 통렬히 비판하려는 것이었다. 따라서 오이디푸스는 더 이상 오염 덩어리나 존속 살해범이 아니다. 자신이 죽인 이가 친부라는 사실을 몰랐다는 점에서 그가 범한 과오는 무지에서 벌어진 사고이지 살인의 죄목을 물을 만한 사건은 아니었던 것이다.

　아리스토텔레스는 이를 비극적 과오hamartia라고 부른다. 이것은 원래 나쁜 의도가 없이 어떤 착각·착오에서 하게 된 말이나 작은 행위 하나가 훗날 돌이킬 수 없는 사태로 치닫고 그 결과 파국에 이르는 잘못을 말한다. 그런데 무지에서 비롯된 평범한 잘못이지만, 그 여파가 나라를 파멸로 이끌 정도의 과오가 비극의 소재로는 가장 적합했을 것이다. 이런 이유에서 소포클레스는 오이디푸스를 더 이상 죄인으로 취급하지 않는다.

* 민중의 지도자이지만 대중을 부추기고 그들의 욕망을 이용해 권력을 장악한 정치가를 가리킨다. 통상 선동가를 뜻한다.

소포클레스, 「오이디푸스 왕」

아테네의 신성한 보물이 되다

소포클레스의 오이디푸스 3부작 가운데 두 번째인『오이디푸스 콜로노스』를 보자. 이 작품은 죽음을 앞둔 오이디푸스가 오랜 방황 끝에 아테네 근교의 한 마을 콜로노스에 오게 되는 이야기다. 오이디푸스는 자신의 과오에 대해 이렇게 주장한다.

어머니와 아버지에 대한 이야기를 내가 그대들에게 꼭 해야 한다면, 그 일이라면 내가 잘 알고 있소. 사정이 이런즉 내가 어찌 본성이 나쁜 사람이라 할 수 있겠소. (…) 설령 내가 알고서 행했다 하더라도 그 때문에 나를 나쁜 사람이라고 할 수는 없을 것이오. (…) 자, 내 얼굴이 보기 흉하다 할지라도 나를 멸시하지 마시오. 나는 신성하고 경건하며, 이 나라 사람들에게 복을 가져다주는 사람으로 왔소. 그대들을 다스리는 이가 누구시든, 그대들의 주인이 나타나면, 그때는 그대들도 듣고 모든 것을 알게 될 것이오. 그동안은 나에게 나쁜 사람이 되지 마시오. 269~291행

그가 한 말은, 추방이 처음에는 고통스러운 여정이었음을 드러낸다. 가는 곳마다 오이디푸스라는 이름만 들어도

사람들은 몸서리를 쳤고, 그를 선뜻 받아주려 하지 않았다. 그런데 오이디푸스가 자신을 성인^{聖人}에 가깝게 묘사하고 있다는 점이 흥미롭다. 도대체 무슨 일이 벌어졌던 것일까? 물론 그가 성인이 되는 것은 신의 뜻이라고 한다. 오이디푸스의 딸 이스메네가 전하는 말이다.

[신탁에 따르면] (…) 고향 사람들이 언젠가는 자신들의 행복을 위해서 아버지를 찾을 것이라고 합니다. 389~390행

오이디푸스에게는 신탁이 내려져 있었는데, 하나는 그가 전쟁의 운명을 결정한다는 것이었고, 또 하나는 그가 죽은 장소는 절대 침범당하지 않는다는 것이었다. 아닌 게 아니라 사람들은 자기네 나라로 오이디푸스를 모셔가기 위해 앞다투어 찾아온다. 오이디푸스의 후계자였던 테베의 크레온과 아테네의 통치자 테세우스가 바로 그들이다. 심지어 이 둘은 오이디푸스를 데려가기 위해 전쟁도 불사하겠다며 대치할 정도였다. 최종 승리자는 테세우스였다. 오이디푸스는 고향 테베로 돌아가지 않고, 낯선 이방의 땅인 아테네에서 최후를 맞이하고 그곳에 묻혔다. 죽음을 직감한 오이디푸스는 자신이 묻힐 장소로 떠나며

소포클레스, 『오이디푸스 왕』

장 앙투안 테오도르 지루스트의 「콜로노스의 오이디푸스」(1788). 추방된 오이디푸스는 신탁에 따라 다시 많은 사람들에게 복을 가져다주는 인물, 즉 아테네의 '신성한 보물'이 된다.

테세우스를 불러 따라오라고 한다. 그리고 말한다.

테세우스여, 나는 그대에게 이 도시를 위해서 시간이 흐름에도 변치 않는 보물을 알려주겠소. 이제 인도자의 도움 없이 스스로 내가 죽을 장소로 가는 길을 그대에게 보여주겠소. 허나 어느 누구에게도 그 장소를 말해선 안 되오. 그곳이 어디인지를, 어느 지역에 자리하고 있는지 말해선 안 되오. 그곳은 수많은 방패보다 더 훌륭하게, 도우러 온 이웃 나라의 창들보다 더 훌륭하게 그대를 지켜줄 것이오. 절대로 말해서는 안 되는 가장 신성하는 것들은, 그대가 그곳에 가면 스스로 깨닫게 될 것이오. 이 나라 사람들 어느 누구에게도, 설령 사랑하는 내 자식들에게도 나는 그것을 말할 수는 없소. 1518~1529행

테베의 '오염 덩어리'가 아테네의 '신성한 보물'이 되는 순간이다. 도대체 오이디푸스를 모든 악과 불행의 원인에서 모든 이에게 복을 가져다주는 인물로 만든 힘은 무엇이었을까? 학자들 사이에서는 논쟁이 많다. 어떤 이는 경건을, 어떤 이는 용기를, 어떤 이는 지혜를 내세운다. 모두 가능한 답이다. 그러나 오이디푸스가 나라와 통치자

소포클레스, 『오이디푸스 왕』

자신을 지키는 데 있어서 그 힘을 창과 방패보다 더 강력한 무엇이라고 강조하고 있다는 사실에 주목하자. 이 점을 고려한다면 그 힘은 개인적인 품성에 속하는 어떤 덕을 가리키는 것은 아니라고 본다. 그것은 다름 아닌 진실을 두려워하지 않는 힘이었다. 어떤 사람은 이를 성격이라고 하고 또 어떤 사람은 운명의 사슬에서 벗어나려는 자유 의지라고도 한다. 하지만 어떤 종류의 것이든, 중요한 사실은 그 힘이 진실을 향해 나아가려는 용기로 표현되었다는 점이다. 진실을 마주한 순간, 그는 스스로 징벌을 내렸고, 이를 통해서 자신을 구했다는 사실만큼은 누구도 부정할 수 없다. 어쩌면 이것이 그를 구원해준 비밀이었고, 그를 성인으로까지 만들어준 힘이었으리라.

자신의 실체를 만천하에 드러내는 것은 쉬운 일도, 아무나 할 수 있는 일도 아니다. 진실을 밝히는 일이 왜 중요한지 스스로 깨달아야만 한다. 물론 여기에는 큰 용기가 필요하다. 이런 의미에서 오이디푸스는 새로운 영웅이고 성인이었던 것이다.

결론적으로, 테베의 오염 덩어리를 아테네의 신성한 보물로 높이려던 소포클레스의 진의는 도대체 무엇이었을까? 그것은 진실aletheia의 중요성을 일깨우고, 국가란 진실을 뿌리로 삼는 공동체임을 강조하려는 의도였다. 이는 소포클레스가 오이디푸스의 시신을 아테네에 묻었다는 사실에서 잘 드러난다. 흥미롭게도 그를 묻은 곳이 어디인지 아무도 모른다. 심지어 오이디푸스는 알려고 들지 말라고까지 경고한다. 그 무덤은 어디에 있을까. 오이디푸스가 스스로 깨달아야만 알 수 있다고 한 그곳은 도대체 어디일까. 아테네 시민들 각자의 영혼이 아니었을까. 어쩌면 이것이 소포클레스가 테베의 오물을 새롭게 정화해 아테네의 신성한 보물로 만들려고 한 이유였으리라.

한마디로 국가의 뿌리는 진실이다. 진정성이야말로 통치자가 가져야 할 가장 중요한 덕목이다. 그런 점에서 오이디푸스는 역병과 전쟁으로 이중의 위기에 처한 아테네 시민들이 희구했던 통치자였다. 그는 성실함, 진실함, 책임감을 모두 갖추고 실제로 행동에 옮긴 사람이었다. 얼핏 보면 소포클레스가 시민들에게 너희는 자신이 누구인지도 모르는 놈들이고, 아비를 살해한 아들들이며, 전통을 말살한 천박한 무리라고 비난하는 이야기 같다.

따라서 『오이디푸스 왕』은 "너 자신을 알라"는 메시지로 시민 대중을 훈계하고 비판하는 작품으로 읽힐 수도 있지만, 아테네 역병의 관점에서 볼 때 정반대로 시민들이 바라 마지않던 지도자의 모습을 제시했다. 이것이 소포클레스가 자신이 무시한 시민 대중의 사랑을 받을 수 있었던 이유다. 물론 그는 시민 관객이 '나는 누구인가'를 스스로 묻고 생각해보기를 강권하기도 했다. 그들 자신이 오이디푸스들이었기 때문이다. 하지만 이것은 크게 문제가 되지 않는다. 극장이라는 곳이 본디 교육의 현장이었다. 이렇듯 디오니소스 극장은 전쟁과 역병으로 무너진 아테네를 재건하고 사회를 성숙한 시민 공동체로 만들기 위해 세워진 것이었다.

증오가 낳는 정치의 비극

에우리피데스, 『미친 헤라클레스』

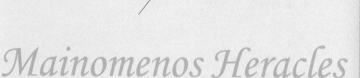

Euripides

아버지가 헤라클레스의 팔을 잡으며 말씀하셨어요. "내 아들아, 네게 무슨 일이 생겼구나? 이 무슨 해괴한 짓이냐? 설마 네가 방금 죽인 자들의 피가 너를 미치게 한 것은 아니겠지? (…)" 아이들의 엄마가 소리쳤어요. "당신, 이게 무슨 짓이에요? 자식들을 죽이려고요?"

역병 앞에 무력한 헤라클레스

에우리피데스의 『미친 헤라클레스』는 소포클레스의 『오이디푸스 왕』보다 길게는 7년, 짧게는 5년 늦은 기원전 429~422년에 상연된 것으로 추정된다. 그래서 『오이디푸스 왕』에 비해 아테네 역병이 상대적으로 덜 부각되어 있다. 표면상으로만 보면 거의 다뤄지지 않는다고 해도 큰 문제는 없을 것이다.

한편 소포클레스는 『트라키스 여인들』에서도 역병의 관점으로 헤라클레스 이야기를 다루었는데, 에우리피데스 역시 역병을 배경으로 하되 소포클레스와는 다른 시선으로 헤라클레스를 조명하고 있다. 먼저 『트라키스 여인들』을 살펴보자. 역병에 걸려 고통을 호소하는 헤라클레스의 말이다.

증오가 낳는 정치의 비극

다시 역병이 달려들어, 달려들어 나를 죽이는구나. 아무도 다가가 치료해줄 수 없는 이 쓰라린 고통! 1028~1030행

『트라키스 여인들』이 상연된 시기는 아테네에 역병이 가장 극심했던 기원전 429~425년으로 추정된다. 이 작품에는 역병을 뜻하는 '노소스nosos'와 '로이모스loimos' 같은 용어들이 명시적으로 열여덟 차례나 나온다. 소포클레스가 헤라클레스를 무대에 올린 것은 두 가지 점을 보여주기 위해서였다. 하나는 천하의 영웅 헤라클레스도 역병 앞에서는 별 수 없다는 것이고, 다른 하나는 직접적인 사인은 역병이지만, 이른바 '가짜 뉴스'에 속아 잘못된 판단을 내려 헤라클레스를 죽게 한 정치가를 비판하려는 것이다. 다음은 전자와 관련하여, 헤레클레스가 고통 중에 쏟아내는 말들이다.

오이네우스의 겉과 속이 다른 딸이 내 어깨에 걸쳐준 이 옷과는 달랐어. 내가 그 속에서 죽어가고 이 악령의 그물 말이야. 그것은 내 양 옆구리에 들러붙어 밖에서부터 살 속으로 파먹어 들어오더니 나와 함께 거주하면서 내 목구멍을 빨며 어느새 신선한 내 생명의 피를 다 마셔버려, 내 온몸

에우리피데스, 『미친 헤라클레스』

은 말로 표현할 수 없는 이 족쇄의 포로가 되어 메말라가고 있다네. 1050~1057행

인용은 아테네를 엄습한 역병의 증상을 묘사하고 있는데, 『펠로폰네소스 전쟁사』에서 투키디데스는 그 증상을 더 상세히 보고하고 있다.

49 (2) (…) 최초 증상은 머리에 고열이 나고 눈이 빨갛게 충혈되는 것이다. 입과 목구멍, 혀에서 피가 나기 시작하고 숨을 쉬기 어렵고 더러운 냄새가 난다. (3) 재채기가 나며 목이 쉬고, 이어서 고통이 가슴으로 내려가며 심한 기침이 난다. 이 병이 배에 자리 잡으면 복통이 일어나고, 의사들이 이름을 붙인 온갖 담즙을 토하는데, 아주 고통스럽다. (4) 대부분 헛구역질을 하면서 경련을 심하게 일으킨다. 어떤 사람은 구역질을 하면 곧 가라앉지만, 어떤 사람은 한참 뒤에야 가라앉는다. (5) 겉으로는 만지면 살갗이 그렇게 뜨겁지 않다. 창백하지 않고 오히려 불그스름한 피멍이 들어 있으며, 작은 농포와 종기가 돋아났다. 속으로는 타는 듯 뜨거워서 환자는 가벼운 리넨 옷이 닿는 것조차 참을 수 없다. 홀랑 벗고 찬물에 뛰어들고 싶은 마음이 간절하다. (…)

(6) 병자들은 불면증에 시달리며 잠을 이루지 못한다. (…) 역병이 배로 내려가 심한 궤양과 걷잡을 수 없는 설사를 일으켜 나중에 대부분은 바로 이로 인해 쇠약해져서 죽어갔다. (7) 이렇게 역병은 먼저 머리에 자리를 잡고 꼭대기부터 시작해 온몸을 타고 내려갔다. 최악의 상황을 피한다 해도 역병은 생식기나 손가락과 발가락을 공격해서 살아남은 많은 환자들이 사지의 기능을, 더러는 시력을 잃었다. 기운을 차리고 나면 기억력을 상실하여 자신이 누구인지도 몰랐고, 가장 가까운 사람마저 알아보지 못하는 병자도 더러 있었다. (…) 51.(4) 이 역병의 가장 무서운 점은 병에 걸린 것을 알면 절망감에 사로잡힌다는 사실이다(그럴 때 사람은 희망이 없다고 믿어 당장 자포자기에 빠져 저항력을 상실하기 때문이다). 사람들은 서로 간호하다가 감염되어 양 떼처럼 죽어갔다. 제2권 49~51장

투키디데스는 역병을 병리학적으로 자세히 기술하고 있다. 소포클레스는 이런 고통을 가져다준 역병을 "레르나의 괴물 독사인 히드라의 담즙에 담갔던 화살의 검은 촉 주변에 엉겨 붙은 피"라고 부른다. 헤라클레스 역시 히드라의 독이 묻은 옷을 입고 죽는다.

72

에우리피데스, 『미친 헤라클레스』

데이아네이라는 트라키스의 저택에서 전쟁에 나간 남편이 금의환향한다는 소식을 듣는다. 헤라클레스가 미리 보낸 전리품 중에 눈에 띄는 한 여인이 있었는데, 전쟁에서 약탈한 오이칼리아 성의 공주 이올레였다. 사자는 헤라클레스가 이올레를 사랑하고 있으며 함께 살기 위해 트라키스로 보낸 것이라고 전한다. 질투에 빠진 데이아네이라는 과거에 네소스에게 받아온 피를 떠올린다. 네소스는 그녀를 겁탈하려다 헤라클레스의 독화살을 맞고 죽은 켄타우로스였다. 네소스는 죽기 전에 데이아네이라에게 자기 상처에서 난 피가 사랑의 묘약이며, 훗날 헤라클레스가 변심하면 그 피로 사랑을 되찾을 수 있다고 말한다. 그 말에 따라 데이아네이라는 피를 묻힌 옷을 귀향하는 헤라클레스에게 보낸 것이다. 하지만 네소스의 말은 거짓이었다. 사실 그가 헤라클레스에게 맞은 화살에는 괴물 히드라의 피가 묻어 있었고, 누구라도 몸에 닿으면 죽음을 맞게 되는 것이었다. 이를 모르는 헤라클레스는 아내가 보내준 옷을 입고 독이 퍼져 고통에 몸부림친다. 최후를 맞은 헤라클레스의 절규다.

타는 듯한 고통의 경련이 방금 다시 시작하는구나. 옆구리

증오가 낳는 정치의 비극

가 쑤신다. 이 잔혹하고 탐욕스러운 역병은 나를 이제 더 이상 고통 없이 내버려두지 않는구나. (…) 가슴과 등과 언제나 충성스러운 나의 손들이여! 너희들이 과연 목자들의 악령인 네메아의 거주자를, 아무도 접근하지 못한 사나운 괴물이 사자를 힘으로 제압했더란 말인가! (…) 그밖에도 수많은 노고를 겪었지만 어느 누구도 나를 이겼다고 자랑하진 못했지. 한데 지금 나는 가엾게도 관절이 풀리고, 살이 찢긴 채 보이지 않는 파괴자에게 죽어가고 있구나. 1082~1104행

여기서 '보이지 않는 파괴자typhle ate'는 역병이다. 소포클레스는 천하무적인 헤라클레스가 새로운 성격의 적을 맞아 속수무책으로 죽어가는 모습을 묘사하는데, 이는 아테네가 역병을 어떻게 바라보았는지에 대해 알려준다. 또 역병과의 싸움에서는 헤라클레스 같은 영웅이 더 이상 쓸모가 없음을 확인하는 것이기도 했다.

후자와 관련하여, 소포클레스는 『트라키스 여인들』을 통해 보이지 않는 파괴자인 역병 앞에서 맞닥뜨리게 되는 혼란의 문제를 다룬다. 즉 역병은 그 원인을 추적할 수 없기에 그와 관련된 사태와 사건들의 실체를 밝힐 수 없고, 그런 상황에서 출처 불명의 소문과 음모들이 생겨나

에우리피데스, 『미친 헤라클레스』

가스파레 디치아니의 「데이아네이라의 겁탈」(연도 미상). 헤라클레스는 히 드라의 피가 묻은 독화살로 네소스를 죽이고 아내 데이아네이라를 구한다.

국가의 중요한 정책을 결정하는 데 심각한 영향을 미친다고 보았다. 그는 『트라키스 여인들』의 또 다른 주인공인 헤라클레스의 아내 데이아네이라가 사실을 정확히 확인하지 않고 사자의 보고만 곧이곧대로 믿은 채 실행한 일이 어떤 비극적인 결말로 이어지는지를 보여준다. 거짓을 보고하는 사자의 말이다.

방금 저 사람이 말한 것은 사실과 전혀 다릅니다. 그는 방금 거짓 소식을 전했거나 아니면 그의 이전 보고가 거짓입니다. (…) 지금 저 사람은 애욕은 빼버리고 엉뚱한 이야기를 하고 있어요. 저 소녀를 첩으로 달라는 요구를 그녀의 아버지가 들어주지 않자, 헤라클레스 님은 이 사소한 불만을 핑계 삼아 소녀의 나라를 공격하여 도시를 파괴하셨습니다. 마님께서 보시다시피, 헤라클레스가 귀향하시며 저 소녀를 아무런 생각 없이, 말하자면 그냥 노예로 집에 보낸 것이 아닙니다. 그런 기대는 그냥 접으세요. 헤라클레스의 마음이 애욕에 불타는데 그건 가당치도 않지요. 346~368행

사자가 데이아네이라를 설득하기 위해 그녀의 질투와 욕망을 자극하는 장면이다. 데이아네이라는 사자의 거짓

에우리피데스, 「미친 헤라클레스」

보고를 사실로 받아들인다. 이 대목은 그럴싸한 말, 듣고 싶은 말 그리고 권력을 잡기 위해 대중에게 아부하는 말을 중시하던 당대 아테네 정치가들의 실상을 드러내려는 설정이다. 특히, 역병처럼 사실을 확인할 수 없는 상황에서 이런 양상은 두드러진다. 이런 통치자들과 정반대의 모습을 보여준 이가 오이디푸스 왕이었다. 그는 자신이 듣고 싶지 않은 말이라도, 그것을 끝까지 추적하여 진실과 사실을 규명했다. 이 점에서 데이아네이라는 오이디푸스의 대척점에 서 있는 통치자다. 데이아네이라는 자신의 욕망을 채우기 위해 가장 사랑했던 존재를 파멸로 몰고 갔기 때문이다. 자신의 한 줌 권력을 지키려고 나라를 파탄으로 이끈 자들이, 소포클레스의 눈에는 아테네의 정치가들인데, 이른바 데마고고스로 불리는 자들이다.

『트라키스 여인들』은 보이지 않는 파괴자와 싸울 때 헤라클레스가 보여준 리더십은 폐기되어야 한다고 선언하는 작품이다. 특히 역병처럼 보이지 않는 적과 싸워 이기려면 오이디푸스 왕이 실천했던 진실성의 리더십이 필요하다고 역설한다. 물론 헤라클레스 대신에 아스클레피오스가 의신으로 추앙받긴 했지만, 당시는 백신이나 치료제가 따로 있었던 게 아니므로 운 좋게 역병에 걸리지 않고 살아남는 것이 대책이라면 대책이었다. 이런 점에서 소포클레스는 역병은 사회 질병이고 정치적인 사태라며, 이 문제를 해결하는 데 무엇보다 중요한 통치자의 리더십을 부각한 작가였다.

헤라클레스의 용기와 광기

에우리피데스의 『미친 헤라클레스』는 소포클레스의 『트라키스 여인들』에서 다뤄지는 헤라클레스의 문제를 작가 고유의 관점에서 재해석한 작품이다. 통치자의 리더십을 강조한 소포클레스와 달리, 에우리피데스는 한편으로 통치자의 경솔함과 성급함이 어떤 파국을 불러오는지를 드러내고, 다른 한편으로 그 통치자가 권력의 토대로 삼고 있는 통치 이데올로기를 비판적으로 검토한다.

헤라클레스는 자신에게 주어진 열두 개의 과업 중 마지막 임무를 수행하기 위해 지하 세계를 방문한다. 그곳의 출입문을 지키는 괴물 개 케르베로스를 지상으로 끌고 와야 했다. 전쟁으로 너무나 많은 사람이 희생되던 당시에, 사람들은 헤라클레스의 용맹한 행위를 통해서 지하 세계에 맞서고 죽음에 대한 두려움을 극복하고자 했다. 헤라클레스는 죽음의 세계에 맞설 수 있는 인간 영웅이

에우리피데스, 『미친 헤라클레스』

었다. 그가 지하 세계에 내려가 있는 동안, 지상의 테베에서는 뤼코스Lykos라는 튀란노스Tyrannos*가 한 당파 세력의 지지를 받아 헤라클레스의 장인인 크레온을 죽이고 왕위를 찬탈한다. 후환이 두려웠던 뤼코스는 헤라클레스의 아내 메가라와 그의 세 아들 그리고 그의 친부인 암피트리온을 죽이려 한다. 가족은 제우스의 제단으로 피신하지만, 뤼코스는 그 뒤를 쫓아와 이들을 모두 불태워 죽이겠다고 위협한다. 그때 헤라클레스가 지하 세계에서 돌아와 가족들을 구하고 뤼코스를 죽인다.

그런데 모든 고난이 끝난 듯한 그때, 헤라 여신이 나타난다. 남편 제우스가 외도로 낳은 자식이라고 하여 헤라클레스를 미워하던 그녀는 광기의 여신 륏사를 보내어 그를 미치광이로 만든다. 미쳐버린 헤라클레스는 뤼코스에 이어 자신의 가족마저 죽인다. 간신히 정신을 차린 그는 절망으로 몸부림치는데, 마침 지하 세계에서 그의 도움을 받고 풀려난 테세우스가 나타나 그의 죄를 정화해주고 아테네로 데리고 가면서 무대는 막을 내린다.

이 줄거리에서 알 수 있듯이, 소포클레스가 헤라클레스

* 합법적으로 통치권을 획득하고, 권력을 제한 없이 자의적으로 행사하는 통치자를 가리킨다. 통상 독재자라고 불리며 참주로 번역된다.

안토니오 카노바의 「뤼코스를 죽이는 헤라클레스」(1795∼1815). 지하세계
에서 돌아온 헤라클레스는 자신이 없는 동안 장인 크레온을 죽이고
왕위를 찬탈한 뤼코스를 죽인다.

를 역병의 직접적인 희생자로 만들었던 것과 달리 에우리피데스는 헤라클레스의 힘과 용기가 지닌 양면성을 부각한다. 죽음에 맞서 괴물들과 싸우고 전쟁에서 외부의 적군과 싸우는 헤라클레스는 테세우스의 말대로 "인류의 은인이자 위대한 친구"[1252행]였다. 하지만 내부의 정적과 싸워야 하는 국내 정치에서 헤라클레스의 힘과 용기는 폭력과 광기로 돌변한다. 물론 헤라클레스가 미치게 된 데에는, 헤라의 저주도 있었지만 더 본질적인 것은 칼과 힘에 기반한 권력의 이중성 때문이었다. 그 힘을 적재적소에 잘 사용하면 좋지만 그렇지 못할 때는 폭력이 되고 광기가 된다는 것을 경계하고자 에우리피데스는 『미친 헤라클레스』를 무대에 올렸다. 자신도 모르게 미쳐버린 헤라클레스는 가족을 도륙하기에 이르는데, 사자는 그 장면을 이렇게 전하고 있다.

헤라클레스 님이 이 나라 왕을 죽이고 그의 시신을 집 밖으로 던진 뒤, 제우스의 제단 앞에는 집을 정화하기 위한 제물이 차려져 있었어요. (…) 아버지는 딴사람이 되었지요. 얼굴은 일그러지고, 눈 안에는 눈알이 구르고, 눈의 핏줄들은 벌겋게 튀어 나왔으며, 텁수룩한 수염에서는 거품이 뚝

뚝 듣고 있었지요. 그는 미친 사람처럼 말했지요. "아버지, 제가 왜 에우뤼스테우스를 죽이기도 전에 불로 정화의식을 치르며 이중의 수고를 하는 거죠? (…)" 아버지가 헤라클레스의 팔을 잡으며 말씀하셨어요. "내 아들아, 네게 무슨 일이 생겼구나? 이 무슨 해괴한 짓이냐? 설마 네가 방금 죽인 자들의 피가 너를 미치게 한 것은 아니겠지? (…)" 아이들의 엄마가 소리쳤어요. "당신, 이게 무슨 짓이에요? 자식들을 죽이려고요?" (…) 아들과 마주치자, 아들의 심장을 쏘았어요. 그러자 아들은 뒤로 넘어져 숨을 거두며 똑바로 서 있는 기둥을 피로 적셨어요. (…) 위력적인 화살을 쏘기도 아까워 헤라클레스 님은 발갛게 단 무쇠를 망치질하는 대장장이처럼 몽둥이로 아들의 금발 머리를 내려쳐 두개골을 박살내셨어요. (…) 한 발 앞서 가련한 엄마가 아이를 몰래 방으로 데리고 들어가 문을 잠갔지요. (…) 문짝들 밑을 파고는 지레로 들어 올려 문설주들을 뜯어내더니 화살 하나로 아내와 아들을 죽였어요. 922~1000행

사자는 광기에 사로잡힌 헤라클레스가 실은 튀란노스 뤼코스라는 것을 말하고 있다.

다음 모자이크화는 헤라클레스가 아내 메가라를 죽이

에우리피데스, 「미친 헤라클레스」

려 하는 장면이다. 구원자가 파괴자로 돌변하는 순간이다. 헤라클레스의 광기 어린 모습을 보면서 아테네의 관객들은 과연 무슨 생각을 했을까? '저런, 어쩌면 좋을까?' 연민을 품는 동시에 공포도 느꼈을 것이다. 그 공포는 이중의 의미를 지니고 있었으리라. 그들은 먼저 튀란노스 뤼코스를 보며 권력자의 횡포에 두려움을 가졌을 것이다. 하지만 그 두려움은 곧 헤라클레스가 등장하며 해소된다. 이어서 관객은 독재자의 횡포로부터 자신들을 구원해준 헤라클레스가 돌연 미쳐서 가족을 몰살하는 장면을 목도하는데, 그것은 감정적으로 정화되거나 해소될 수 없는 끔찍한 두려움이었다. 구원자가 한순간에 파괴자로 모습을 바꿀 때 공포는 배가되기 때문이다.

에우리피데스가 이렇게 풀 길 없는 공포의 드라마를 디오니소스 극장에 올린 까닭은 무엇이었을까? 그는 전쟁에서 필요한 리더십이 정쟁을 다뤄야 하는 정치에서는 매우 위험하다는 것을 보여주려 했다. 그것은 외부의 적에게는 두려움 없는 용기이지만 내부의 경쟁자에게는 돌이킬 수 없는 광기이며, 자칫 잘못하면 가족과 동족을 죽이는 무기가 될 수 있다. 특히 역병을 물리칠 때 요구되는 리더십은, 상황에 따라서 언제든 광기로 탈바꿈할 수 있는 만용이 아니라 사려 깊은 판단과 절제 있는 행동을 바탕으로 하는 신중함이다. 테베를 해방시킨 그 힘이 도리어 테베를 멸망시킬 수 있고, 테베의 해방자가 테베의 파괴자가 될 수도 있다. 암피트리온은 아들인 헤라클레스에게 몸가짐을 조심해야 한다고 말한다.

내 아들아, 친구들을 사랑하고 적들을 미워하는 것은 너다운 일이다. 다만, 너무 서둘지 마라. 585~586행

용기가 광기로 변하는 것을 막으려면 삼가함, 곧 서두르지 않아야 한다. 하지만 자기 힘에 취한 헤라클레스는 적을 상대하듯 가족을 죽이고 만다. 에우리피데스는 바로 헤라클레스를 헤라클레스답게 만들어준 정신이 오히려 그 자신을 파괴한다고 꼬집고 있다. 그 정신은 다름 아닌 아테네인을 아테네인답게 만들어주고 그들을 하나로 단결시킨 전통적인 정의관인 '애친증적愛親憎敵'이다. 이것은 특히 외부의 적군과 싸워야 하는 전쟁에서 큰 위력을 발휘하는 중요한 이념이지만 그것이 국내 정치로 향하면 치명적이다. 아테네의 정체는 당파와 당파가 서로 세력을 나누어서 경쟁하는 데모크라티아였기 때문이다.

84

에우리피데스, 『미친 헤라클레스』

아내 메가라를 죽이려 하는 헤라클레스(서기 3~4세기). 헤라클레스의 힘
이 외부의 적으로 향했을 때는 용기가 되지만 내부로 향했을 때는
광기가 된다.

'애친증적'의 상징 헤라클레스 추방하기

『미친 헤라클레스』는 데모크라티아라는 정체를 극의 배경으로 깔고 상연되었다. 정치라는 관점에서 다시 줄거리를 살펴보면 흥미롭다. 뤼코스가 한 당파의 지지를 받아서 권력을 찬탈한다. 그런데 이 작품은 헤라클레스가 튀란노스를 몰아내고 권력을 되찾아 정의를 회복했다는 이야기가 아니다. 헤라클레스가 독재자를 몰아내는 데 그치지 않고 자신의 가족마저 죽이는 장면으로 이어진다. 여기서 에우리피데스의 문제의식이 뚜렷히 드러난다. 정치의 관점에서 애친증적의 정의관을 비판적으로 반성하자는 것이다. 정쟁에서 이기기 위해 싸움은 어쩔 수 없지만, 정적이 외부의 적군은 아니다. 전쟁이 끝나면 같은 인간으로서 적군에게까지 관용을 베푸는 법인데, 경쟁에서 진 정적을 외부의 적군보다 더 모질게 공격하는 것은 광기다. 극단적이지만 헤라클레스의 사례가 잘 보여주었던 것이다. 에우리피데스는 애친증적의 상징인 헤라클레스를 추방해 전통적인 국가 이데올로기를 해체하려는 뜻을 디오니소스 극장에서 실연實演했다. 하지만 그 진의를 꿰뚫어본 관객은 많지 않았으리라. 오히려 불쾌하게 여긴 관객이 훨씬 더 많았을 듯하다. 그도 그럴 것이 헤라클레

에우리피데스, 『미친 헤라클레스』

스는 외부의 적을 물리쳐서 내부의 세계를 지킨 은인이
자 위대한 친구였기 때문이다. 다음은 암피트리온이 말하
는 헤라클레스의 업적이다.

나는 이제 제우스의 번개와, 헤라클레스가 대지에서 태어
난 거인들의 옆구리에 깃털 달린 화살들을 쏘고 나서 신들
과 함께 승리의 축제로 참여했을 때 타고 갔던 제우스의 사
륜마차를 증인으로 부르겠소. 다음으로는, 가장 비겁한 왕
이여, 폴로에로 가서 네 발 괴수인 켄타우로스들에게 물어
보시오. (…) 헤라클레스는 혼자서 미뉘이아족 전체와 싸워
테베가 자유롭게 고개를 들 수 있게 해주었소. 171~221행

인용에서 보듯이, 헤라클레스는 '친구를 사랑하고 적을
미워하라'는 정의관에 부합하는 영웅이자 친구였다. 하지
만 에우리피데스는 시각이 다르다. 헤라클레스의 말이다.

내가 사랑하는 테베에 사는 것은 불경한 짓이네. 설령 이곳
에 머문다 해도, 어느 신전에, 어떤 친구들의 모임에 참여
할 수 있겠나? 저주받은 나에게 누가 말을 걸겠는가? 1282~
1284행

에우리피데스는 헤라클레스를 테베의 영웅이자 해방자에서 테베의 파괴자로 전락시켜 테베의 저주로 만듦으로써, 애친증적이라는 테베(사실은 아테네)의 전통적인 국가 이데올로기를 해체한다. 이런 면에서 에우리피데스는 소포클레스보다 더 분석적이라고 할 수 있다. 소포클레스가 역병을 극복하는 데 도움이 되는 통치 리더십을 제시하려 했다면, 에우리피데스는 '애친증적'의 국가 이데올로기가 얼마나 위험한지를 보여주었기 때문이다.

소포클레스가 "나는 누구인가?"라고 묻고, 에우리피데스가 애친증적은 더 이상 안 된다고 비판했을 때, 대다수 시민들은 사실 큰 관심이 없었을 것이다. 목전의 생존과 생업이 주는 압박으로 고통을 감내하기도 힘들었을 것이다. 그런 이들을 상대로 인간에 대한 이해를 바꾸라고, 인식을 전환하라고 요구하는 것은 어쩌면 사치였으리라. 이것은 2500여 년이 지난 오늘도 마찬가지다.

현실이 그렇더라도 두 작가는 이 물음과 비판을 집요하게 파고들었다. 소포클레스는 역병과 전쟁이라는 이중의 위기에 처한 아테네에 필요한 통치자로 오이디푸스를 내세워 나라를 통합하고 안정되게 이끌 수 있는 성실하고 진실하며 책임을 다하는 리더십을 강조한다. 에우리피

에우리피데스, 『미친 헤라클레스』

데스는 전쟁에서 요청되는 리더십과 그것을 뒷받침해주는 정의관을 전복시킨다. 소포클레스의 오이디푸스는 적들을 미워하지 않았지만, 친구들을 사랑했기에 스스로 추방의 길을 떠나야 했다. 반면에 에우리피데스의 헤라클레스는 적들을 미워하는 마음에 사로잡혀 자식들마저 해쳤기에 어쩔 수 없이 추방을 떠나야 했다.

이와 같은 비판적인 반성을 통해, 헤라클레스는 적어도 아테네 극장에서 상연된 정치 드라마로는 용도가 폐기된다. 특히 친구를 사랑하고 적을 미워해야 한다는 정의관이 가진 효력의 범위를 분명히 구분할 필요가 있었기 때문이다. 애친증적의 정의는 외부의 적과 싸울 때는 공동체를 단합시키는 이념이지만, 내부로 향할 때는 공동체를 분열시키는 힘으로 작동하는데, 현재 우리 사회에 만연한 진영 논리도 여기에 뿌리가 있다고 볼 수 있다.

진영론적인 정의관은 정치적인 경쟁에서 패배한 정파나 그 지지 세력을 적대의 대상으로 여겨 심지어 외부의 적에게도 쓰지 않는 모략과 음모를 일삼게 하는데, 이는 공동체를 사랑과 우정의 한마음으로 이끄는 것이 아니라 혐오와 증오의 두 마음으로 가른다. 이는 급기야 내전으로 치닫게도 한다. 어떤 정치적인 사태가 발생하면, 정치가들은 그것의 원인과 책임을 적대 세력에게 돌리기를 서슴지 않는다. 아테네의 튀란노스들이 전형적으로 이런 음모론적인 술수에 밝았다.

하지만 소포클레스의 오이디푸스는 테베 시민들의 목숨을 무수히 앗아간 역병의 원인을 타인에게 돌리지 않았다. 자기 자신이 오염의 원인이자 오물 덩어리라는 사실을 인정한다. 이렇게 보이지 않는 적과 싸울 때 오이디푸스의 모습은 통치자로서 지녀야 할 책임감을 보여주었다. 남 탓을 하지 않고 추방이라는 벌을 스스로 받음으로써 나라를 분열시키는 어리석음을 범하지 않았다. 이런 면에서 오이디푸스는 구제받아야 마땅한 통치자로 거듭난다. 하지만 이런 책임감을 가진 오이디푸스가 권좌에서 물러나자, 역설적이게도 테베는 두 쪽으로 갈라져 동족상잔의 피비린내 나는 내전에 휩싸였다. 즉, 그의 두 아들인 폴리네이케스와 에테오클레스는 아버지가 물려준 권력을 차지하기 위해 서로 다투다가 끝내 전쟁을 벌여 서로 죽고 죽이게 되었다.

오이디푸스는 집권세력이 흔히 벌이는 손쉬운 정치를 하지 않았다. 특정인이나 어떤 소수 세력을 희생양 삼는 방식의 정치 말이다. 역병이 돌면 으레 이런 행태가 일어나게 마련이다. 서기 2세기 로마에 역병이 돌자 로마인들은 기독교도를 그 원인으로 지목했고, 중세에 흑사병이 돌자 유럽인들은 유대인을 희생양 삼았다. 물론 아테네인들도 스파르타인들을 역병의 주범으로 몰긴 했지만, 적어도 소포클레스의 오이디푸스는 그렇게 하지 않았다. 그 대신 사태의 책임을 정치인에게 물었다. 아테네 시민들이 무대에 오른 오이디푸스 왕에게 환호한 이유가 바로 이것이었다. 실제로 아테네를 다스린 위정자에게 기대한 모습을 그에게서 볼 수 있었기 때문이다.

오이디푸스가 자신을 스스로 벌함으로써 역병을 극복하고자 했다면, 에우리피데스의 헤라클레스는 자신이 가진 힘의 위험성을 그대로 노출한다. 이것이 에우리피데스가 헤라클레스를 해방자에서 파괴자로 바꿔버린 이유였다. 이렇게 추락한 헤라클레스를 보면서, 이를 씁쓸하게 여길 관객도 있었겠지만, 한편으로는 해방자로 자처하다가 권력을 잡자마자 파괴자로 표변한 튀란노스들을 떠올리며 내심 환호했을 관객도 많았을 것이다.

자신의 영혼을 돌보는 정의로운 나라

플라톤, 『국가』

Politeia

Platon

우리가 국가를 세우는 목적은 한 집단을 행복하게 만드는 것이 아니라, 국가 전체를 최대한 행복하게 만드는 걸세. 우리는 이런 국가에서 정의를 발견하게 될 가능성이 가장 높고, 잘못 통치되는 나라에서 불의를 발견할 가능성이 가장 크네.

'애친증적'의 정의관 극복하기

플라톤의 『국가』에서 펼쳐지는 대화는 기원전 411년에 이뤄진 것으로 추정되지만, 『국가』 자체는 기원전 385~375년에 저술되었다. 따라서 아테네 역병이 물러난 것으로 여겨지는 시기(기원전 430~419년)에서 50여 년의 세월이 지난 뒤에 씌어진 대화편이다. 그래서 역병이 아테네 사회에 끼친 직접적인 영향을 명시적으로 관찰하거나 기록하고 있지는 않다. 하지만 아테네 역병과 펠로폰네소스 전쟁이 남겨놓은 정치적 유산들, 또는 만들어놓거나 바꾸어놓은 국가의 위기와 혼란을 본격적으로 성찰하고 있다. 이런 점에서 '아테네 역병 이후Post Athenian Pandemic'의 상황을 살피는 데 『국가』만큼 좋은 문헌도 없다. 그도 그럴 것이 기원전 404년에 아테네는 펠로폰네소스 전쟁에서 스파르타에 패하고, 이때 스파르타인이 세운 30인 참주가 폭정을 행한다. 이에 분노한 민중들이 들고일어나서 데모크라티아 정권을 세웠는데 기원전 399년 소크라테스는 바로 이 정권에 의해 사형을 당한다. 『국가』는 이와 같은 정치 체제들이 일면 역병과 전쟁의 영향을 직간접적으로 받은 결과들임을 보여준다.

투키디데스가 『펠로폰네소스 전쟁사』에서 역사가답게 아테네 역병을 객관적으로 관찰하여 기록하고, 소포클레스가 『오이디푸스 왕』에서 역병을 극복하는 데 요구되는 통치자의 모습을 제시하고, 에우리피데스가 『미친 헤라클레스』에서 역병을 극복하는 과정에서 전통적인 국가 이데올로기인 애친증적의 정의관을 해체하려 했다면, 플라톤은 이 선배들의 고민을 한자리에 모아서 종합적으로 고찰한다. 거칠지만, 크게 두 가지 논의로 이루어진다.

먼저, 좋은 나라는 어떤 나라인지에 대한 논의이고, 다음은 좋은 나라를 만들기 위해 어떻게 살아야 하는지에 대한 논의이다. 사실, 이 둘은 독립적인 별개의 논의가 아니다. 플라톤에 따르면 인간 영혼은 세 부분으로 구성되어 있는데, 국가도 그 삼분 구성을 확장한 것이기 때문이다. 요컨대 인간 영혼을 구성하는 머리와 가슴과 배는 국가의 구성에서 각기 통치자인 철인, 수호자인 군인, 생산자인 일꾼에 해당한다. 이 점에서 좋은 나라와 좋은 인간은 서로 분리되지 않는다. 플라톤의 이상 국가에서는 적어도 그렇다. 좋은 인간이 좋은 나라를 만들고, 좋은 나라가 있어야 좋은 인간이 길러질 수 있기 때문이다. 이런 좋은 나라를 통치하는 플라톤의 철인왕은, 진실하고 책임감 있고 법을 준수하는 통치자를 강조했던 소포클레스의 오이디푸스 왕과는 논의의 지평이 다른 심급에서 제안된 통치자다. 또한 에우리피데스의 미친 헤라클레스와도 사유의 결이 다른 통치자다. 에우리피데스는 『미친 헤라클레스』에서 나라를 파탄내는 지도자의 광기는 보여주었지만, 플라톤처럼 전쟁과 역병을 이겨내는, 다시 말해 좋은 나라를 만들고 이끌어나가는 통치자의 모습, 그리고 좋은 나라를 만드는 원리인 정의에 대해서는 어떠한 언급도 하지 않았기 때문이다.

그러면 전쟁과 역병을 극복하기 위해 소포클레스와 에우리피데스가 저마다 진력했던 문제를 플라톤은 어떻게 해결했을까? 먼저, 에우리피데스가 해체하려 했던 애친증적의 정의관을 플라톤이 어떻게 논파하는지를 보자. 그는 이 정의관이 지닌 한계를 지적한다.

건강과 질병을 다루는 것과 관련해서, 몸이 아픈 친구에게 잘해주고 적에게는 고통을 주는 데 가장 탁월한 사람은 누구인가?

— 의사입니다.

항해의 위험과 관련해서, 친구를 이롭게 하고 적을 해롭게 하는 데 가장 탁월한 사람은 누구인가?

— 선장입니다.

그러면 정의로운 사람은 어떠한가? 어떤 행위를 함에 있어서, 무슨 일을 행함에 있어서, 친구에게는 이로움을 적에게는 해로움을 주는 것이 가장 탁월한 것일까?

— 전쟁을 하고 동맹을 맺을 때는 그렇다고 생각합니다.

좋네, 사랑하는 폴레마르코스. 하지만 건강한 사람에게 의사는 필요하지 않다네.

— 그렇죠.

항해를 하지 않는 사람에게 선장도 쓸모가 없네.

— 그렇죠.

그러면 전쟁을 하지 않는 사람에게는 정의로운 사람이 필요하지 않겠군?

— 그건 아닌 것 같습니다.

평화로울 때도 정의는 필요하다는 말인가?

— 그럼요.

그럼, 농사에도 필요하겠네?

— 그럼요.

(…)

어떤가? 어디에 쓰기 위해, 무엇을 주기 위해서, 평화로울 때도 정의가 필요하다고 하는가?

— 계약을 맺을 때 필요하지요. 제1권 332d~333a

인용에서 보듯이, 플라톤은 에우리피데스가 헤라클레스의 힘을 용도 폐기하면서 해체하려 한 애친증적의 정의를 몇 가지 사례를 들어 일거에 무너뜨린다. 헤라클레스가 상징하던 전통적인 정의관은, 특정 시기, 즉 전쟁을 치르거나 동맹을 맺을 때는 유효하지만 평화로울 때는 아무 쓸모가 없음을 이 대화에서 다시 확인할 수 있다. 플라톤에 따르면, 사실 정의론은 애친증적의 논리보다 더 근본적이고 더 광범위한 공동체의 구성 원리다. 물론 플라톤도 애친증적의 정의관이 정의론의 가장 기본적인 단서인 '각자의 몫은 각자에게suum cuique'라는 분배 정의에 기초한 것이라고 인정한다. "각자에게 합당한 것을 돌려주는 것이 옳다"제1권 332c는 언명이 그 전거다. 흥미롭게도 플라톤은 평화 시에 정의는 어디에 쓸모가 있는지를 논하면서, 이른바 교환 정의에 해당하는 정의의 또 다른 단서를 언급하고 있다. 이를 통해 플라톤은 공동체를 구성함에 있어서 분배 정의가 가지는 한계를 교환 정의로 보완하는데, 이는 에우리피데스의 헤라클레스가 보여주지 못한 정의관이었다. 정쟁을 벌이고 당파를 짓는 데는 분배 정의가 위력적이고 정당하게 여겨질 수 있지만, 정파와 정파를 하나로 단합시키는 데는 진영론적인 정의관이 매우 위험하다. 플라톤은 다음과 같이 말한다.

데마고고스들도 이와 마찬가지가 아닐까? 만약 시민 대중이 자신들의 말을 잘 따르는 것을 믿고서 같은 나라 사람들의 피에 손을 적시기를 그만두지 않고, 이런 자들이 늘상 그렇듯이 누군가를 무고하게 법정으로 끌고 가서 살해하고, 그렇게 사람의 목숨을 빼앗은 다음 불경한 혀와 입으로 같은 나라 사람의 피를 맛본다면 말일세. 이런 자들은 사람들을 추방하고 살해하며, 빚을 무상으로 갚아주고 땅을 나눠준다는 감언이설을 퍼뜨리다가 정적에게 살해당하거나 아니면 튀란노스가 되어 인간에서 늑대로 변하는 것은 필연적이네. 제8권 565e~566a

여기서 플라톤이 말하는 늑대는 다름 아닌 에우리피데스의 헤라클레스가 살해했던 뤼코스였다(그리스어 Lykos는 늑대를 뜻한다). 물론 그 작품에서 가족과 동족을 살해한 이는 헤라클레스였다. 이것이 애친증적의 정의관으로는 어렵지 않겠느냐는 에우리피데스의 물음에 대한 플라톤의 답변이었다. 어쨌든 분배 정의는 전쟁을 하고 동맹을 맺을 때는 효과적이지만 내전을 일으키고 당파를 짓는 데 쓰일 수 있는 정의관이라는 사실은 분명하기 때문이다.

강자의 이익에 악용되는 정의

　　다음으로 통치자의 리더십과 관련해서, 아테네 시민들을 지배했던 '정의는 강자의 이익'이라는 전통적인 정의관에 대해 소포클레스가 어떤 입장이었는지 살펴보자. 이 정의관의 대표적인 설파자인 트라시마코스의 말이다.

　　민주정은 민중의 법을, 참주정은 참주의 법을 제정합니다. 모든 정권은 자신에게 유리하게 법을 만듭니다. 이렇게 법을 제정하고, 지배자들은 자기들에게 유리한 것이 피지배자들에게 정의로운 것이라고 선언합니다. 누구든 여기에

서 벗어나면 위법한 자로 몰거나 불의를 행한 자로 처벌하
지요. 소크라테스여, 정의는 이처럼 모든 나라에서 똑같습
니다. 정의는 권력을 잡은 자들에게 이익이 된다는 것이 내
생각입니다. 권력을 행사하는 것은 정권이고, 제대로 생각
할 줄 아는 사람이라면 그것은 어디서나 똑같은 이치이므
로 정의는 강자의 이익이지요. 제1권 338e~339a

『국가』에 등장하는 대표적인 인물인 트라시마코스는
기원전 5세기의 소피스트이다. 그의 정의관은 소위 경험
주의적인 관점에서 권력의 속성을 잘 보여준다. 현실에서
작동하는 권력의 속성을 있는 그대로 관찰한 것이다. 물
론 플라톤이 『국가』에서 이 정의관을 논박하지만, 논리적
인 차원에서 이뤄진 데 불과하다. 현실 권력의 이러한 속
성은 결코 사라진 적이 없다. 이 점에서 트라시마코스의
정의관은 그 자체로 많은 결함이 있지만 권력의 실재를
객관적으로 고찰하는 데 많은 생각거리를 던진다. 여기에
대한 고민과 반성의 흔적을 『오이디푸스 왕』에서도 찾을
수 있다. "지배자들은 자기들에게 유리한 것이 피지배들
에게 정의로운 것"이라는 언명을 요즘 식으로 풀이하면
국민은 '국가를 위하는 일이나 국가가 하는 일을 정의로

플라톤, 『국가』

정의의 여신. 정의는 권력을 잡은 자들의 욕망에 따라 언제든지 왜곡
될 수 있다.

운 것이라고 생각해야 한다'는 말 정도가 되겠다. 따라서 국가 권력의 정당성은 여기에 근거를 둔다. 국가는 정해 놓은 규정이나 법률에 저촉되면, 권력을 사용하여 국민을 통제할 수 있다는 생각이 그 이면에 숨어 있다.

트라시마코스는 국가 권력이 이런 속성을 지녔기 때문에 언제든지 권력을 장악한 자들의 욕망과 욕심에 따라 왜곡될 수 있음을 지적한다. 그는 현실이 그렇다는 점도 부연하면서 권력자와 시민 사이를 양치기와 양 떼의 관계에 비유한다. 양치기가 양을 치는 것은 양을 위함이 아니라 팔거나 잡아먹기 위함이라고 일갈한다. 따라서 정의는 강자의 이익에 봉사하는 시종에 불과하고, 일관성과 항상성을 유지해야 하는 법률도 얼마든지 강자의 이익에 따라 조작될 수 있다는 것이다. 그런데 데마고고스들이야 말로 이런 일에 능숙한 자들이다.

문제는 국가가 전쟁이나 역병과 같은 재난에 처했을 때다. 사태를 해결하기 위해서는 원인을 밝히는 것이 기본 수순이다. 그런데 사람들을 다루는 언변이 탁월한 데마고고스들은 정권을 거머쥐고 재난의 원인을 외면하거나 책임을 전가하는 일이 비일비재하다. 소포클레스의 『오이디푸스 왕』은 사태의 진상을 파악하려 하지도 않고 결과에 대해 어떤 책임도 지지 않으려는 당시 아테네의 통치자들을 통렬히 비판하고 있다. 소포클레스는 오이디푸스가 이른바 법치에 입각해 정치를 한 통치자임을 보여준다. 법률을 준수하는 것은 통치자가 지켜야 할 가장 기본적인 덕목임이 강조된다.

데마고고스들의 방식대로 했다면, 오이디푸스는 추방되지 않았을 것이다. 라이오스의 살해범을 추적하는 일을 도중에 멈춰도 아무도 비난할 사람은 없었다. 하지만 그는 진상을 끝까지 파헤쳤고, 그 결과 자신이 범인임이 밝혀지자 스스로 추방의 길에 올랐다. 아테네를 오염시킨 범인을 추방하겠다고 스스로 공포한 칙령을 준수한 것이다. 오이디푸스의 이런 모습은 당시 아테네를 다스리던 통치자들에게서는 찾아볼 수 없었다. 튀란노스들은 말과 행동이 일치하지 않았고, 법치가 아닌 자의적 지배를 특징으로 하는 인치로 다스렸다. 특히 직접민주주의라는 정체의 강점이자 단점인 다수 지배의 원리를 악용해서 자신의 통치를 정당화했는데, 오이디푸스는 그들과는 근본적으로 다른 모습을 보여주었던 것이다. 튀란노스들은 독재를 정당화하기 위해서 국가를 통치하는 데 바탕이 되는 전통적 정의의 원리를 활용했다. 이 정의관은 두 얼굴을 지녔다. 앞면은 '정의는 강자의 몫'이라는 것이고, 뒷면은 '친구를 사랑하고 적을 미워하라'는 것이었다.

앞서 살펴보았듯이 에우리피데스는 후자를 작품의 중심 주제로 끌어올렸고, 소포클레스는 전자의 문제에 집중했다. 권력 구성의 원리를 고민했다는 점에서 소포클레스의 생각은 트라시마코스의 생각보다 훨씬 더 진지하고 어떤 면에서 기품이 묻어난다. 소포클레스에게 트라시마코스가 말한 '강자'는 단순히 재산과 권력과 명망이 높은 특정 개인을 지칭하지 않는다. 특히 정체의 관점에서 소포클레스의 강자는 일종의 '페르소나' 개념으로 이해할 수 있는데, 이는 권력의 토대를 구성하는 힘이나 세력을 뜻한다. 이는 현대적인 의미에서 일종의 주권 개념으로 볼 수 있다. 국가의 최고 권력이 단수 또는 복수에 의해서, 아니면 소수 또는 다수에 의해서 결정될 때, 그 권력을 가진 사람이나 세력을 가리키기 때문이다. 이에 따라 왕정·귀족정·금권정·민주정 등 정체를 구분하게 된다.

대중의 욕망에 좌우되는 데모크라티아

역병이 아테네를 덮친 시대의 정체는 다수가 강자로 군림하던 민주정이었다. 다수의 지지를 받은 데마고고스들이 나라를 통치하던 때였다. 즉, 다수가 강자의 지위를 차지한 것이다. 사실 벤담의 최대 다수의 최대 행복론의 저변에 깔린 생각도 다수가 강자의 지위를 차지할 수밖에 없다는 다수결의 원리와 일맥상통한다. 이와 관련해서 소포클레스도 『오이디푸스 왕』에서 범인이 하나인가 여럿인가를 추궁하는 장면이 있는데, 이 역시 권력과 수의 관계를 고민한 흔적이다. 권력은 다수에게 지위가 있지만 그 속성상 어쩔 수 없이 한 명의 통치자에게 힘이 위임될 수밖에 없다. 그런데 다수의 절대적인 지지를 받게 된 한 명이 다수를 말로 자기 마음대로 움직일 수 있을 때 튀란노스가 탄생한다. 소포클레스는 튀란노스를 만드는 원흉이 누구인지를 추적하는데, 그것은 다름 아닌 하나의 튀란노스를 만드는 다수의 시민이었다. 소포클레스는 한 걸음 더 나아가 다수의 힘이 어떤 원리로 작동하는지를 제시한다. 그가 보기에, 오이디푸스가 테베 오염의 주범인 이유는 자신이 누구인지도 몰랐기 때문이다. 아버지에게는 아들이자 경쟁자이고, 어머니에게는 아들이자 남편이고, 아들에게는 아버지이자 형이고, 딸에게는 아버지이자 오빠인 사람이었다. 그는 가족 구성원 사이의 모든 차이를 없애버렸다. 이 사람은 누구일까? 그의 정체성을 어떻게 규정해야 할까? 그가 실은 인간이고, 바로 시민이다.

참고로 소포클레스는 아테네의 데모크라티아를 곱지 않게 바라보던 보수파에 속하는 정객이었다. 그에게 데모크라티아는 시민들 사이에 있는 모든 차이를 없애는 제도였다. 이 민주주의는 아버지도 한 표, 아들도 한 표, 부자도 한 표, 빈자도 한 표를 보장하는 제도였기 때문이다. 그런데 이렇게 나이·혈통·가문 등 한마디로 빈부귀천을 모조리 무시하고 모든 시민에게 똑같이 평등한 권리를 부여하는 민주주의를 비판적으로 바라보았던 소포클레스의 눈에, 물론 테베의 이야기를 차용하기는 했지만, 오이디푸스는 아테네의 시민, 특히 젊은 청년들을 상징하는 인물이었다. 자신이 누구인지도 모르는 천방지축인 젊은 시민들에게 권력을 부여한 것이 실은 데모크라티아라는 직접민주주의라는 정치 체제였다. 모든 것이 다수결의 원리로 결정되는 이 정체가 지닌 문제점은 욕망의 풍선을 부풀리는 데 최적화된 원리로 작동한다는 것이다. 더 많이 가지려는 욕망의 충직한 도우미가 실은 데모크라티아의 일면이기 때문이다. 물론 데모크라티아라는 정치 제도의 긍정적인 기능과 기여를 무시하려는 뜻은 아니다. 어쨌든 소포클레스의 눈에는 공동체 구성원 사이에 존재하

플라톤, 「국가」

는 모든 차이를 없애버린 오이디푸스의 운명이 아테네가 겪고 있는 역병이라는 재난의 정치적인 원인이었다.

오이디푸스는 누구나 한 표라는 평등의 원리에 입각해 더 많이 가지려는 욕망을 채워준다는 말에 따라 모든 중요한 정치적 결정이 이뤄지는 정체의 상징이었다. 따라서 소포클레스의 입장에서, 오이디푸스는 정치적으로 추방되어야 할 상징 존재(엄밀하게 페르소나persona)였다. '페르소나'라는 용어를 사용한 것은 소포클레스의 생각을 더욱 분명하게 해주기 위해서다. 다시 말해 페르소나는 가면이라는 뜻으로, 그 의미를 확장하면 역할·기능·의무·자리·지위·인격을 가리키는데, 소포클레스는 바로 오이디푸스라는 정치적인 페르소나를 추방함으로써 젊은 오이디푸스들, 즉 아테네의 군사와 정치를 주도하는 젊은 청년들을 비판하려 한 것이다. 여기서 소포클레스가 추방하고자 한 오이디푸스가 어떤 자들이었는지가 더욱 분명해진다. 원칙 없이 대중의 욕망에 흔들리는, 또는 자신의 야욕을 위해서 대중을 조작하는 데마고고스들이며 그들에게 권력을 위임한 젊은 오이디푸스들이었다. 이것이 오이디푸스가 테베에서 추방될 수밖에 없었던 이유다.

정의로운 현실은 실상 불의하다

소포클레스가 아테네의 위기를 극복하기 위해서 오이디푸스 왕을 추방했다면, 플라톤은 이상 국가를 통치하는 철인왕을 초대했다. 철인왕은 오이디푸스 왕이 지닌 책임감과 진실성을 아우르며 훨씬 더 합리적인 이성과 지성을 갖춘 통치자다. 음악·문학·천문학·수학·철학 등 제반 학문을 전문적으로 훈련받고 오랫동안 체득하여 통치술을 갖춘 사람이다. 예컨대 철인왕이 수학을 알아야 하는 이유가 있다. 각자의 몫을 나누어야 할 때, 단순히 기계적으로 나누는 분배 정의가 때로는 불의를 만들곤 했기 때문이다. 또한 줄 것을 주고 받을 것을 받아야 할 때, 오고 가는 것의 교과서적인 교환 정의가 때로는 호의와 선의를 해쳐서 나중에 내전과·내분의 불씨가 되는 경우가 있기 때문이다. 따라서 철인왕은 산술적 평등에 입각한 비례 원리가 아닌 기하학적인 평등의 원리도 알고 있어야 했다. 이처럼 통치자로서 전문 분야를 폭넓게 학습하고 훈련받았다는 점에서 철인왕은 오이디푸스 왕과는 근본적으로 다르다. 하지만 소포클레스의 좋은 통치자와 플라톤의 철인왕은 그 논의를 '정의는 강자의 이익'이라는 전통적인 정의관을 반성하는 것에서 출발한다는 점은 같다. 트라시마코스의 말이다.

참으로 순진하신 소크라테스여, 이것은 이렇게 생각해야 해요. 정의로운 사람은 언제나 불의한 사람보다 덜 가진다고 말입니다. 먼저 서로 계약을 맺었다가 깨는 경우, 정의로운 사람이 불의한 사람보다 더 많이 차지하는 경우를 한번도 보신 적이 없을 것입니다. 덜 차지하는 경우는 종종 보았을 것입니다. 국가와 관련해서도 마찬가지입니다. 세금을 낼 때도, 정의로운 사람은 같은 재산을 근거로 해서 세금을 더 많이 내지만 불의한 사람은 덜 냅니다. (…) 이것은 불의한 짓을 저지른 자를 가장 행복하게 만들지만, 불의를 당한 자들이나 불의한 짓을 전혀 하려고 하지 않은 사람들을 가장 비참하게 만듭니다. 이것이 참주정치입니다. 이는 남의 것을, 그것이 신성한 것이든 세속의 것이든, 혹은 개인의 것이든 공동의 것이든, 몰래 그리고 강제로 빼앗지요. 그것도 조금씩 조금씩이 아니라 한번에 몽땅 해먹지요. 어떤 자가 이 짓을 몰래 하지 않고 들킨 경우, 그는 처벌을 받고 큰 비난을 받습니다. 신전 절도범, 납치범, 강도범, 사기꾼, 도둑놈이라는 명칭은 이렇게 부분적으로 불의를 저지른 자들을 가리킵니다. 그러나 어떤 자가 시민들의 재산은 물론 시민들마저 납치해서 노예로 삼는 경우, 그 자는 저 수치스러운 명칭 대신에 되레 행복한 사람 또는 축복받은 사람이라고 불릴 것입니다. 자기 나라 사람들뿐만 아니라 이 사람의 노골적인 불의를 들은 모든 사람이 그렇게 부를 것입니다. 불의를 비난하는 사람이 막상 이를 비난한 것은 스스로 불의를 행하는 것을 두려워해서가 아니라 불의의 피해를 입는 것이 두려워서일 뿐입니다. 소크라테스여! 이렇게 불의를 큰 규모로 저지르는 것은, 그것이 정의보다 더 강하고 자유롭고 전횡을 누릴 수 있기 때문입니다. 제가 처음에 말씀드렸듯이, 정의는 강자의 이익입니다. 불의는 자신을 위한 이득이고 편익입니다. 제1권 343d~344c

참으로 세상 물정 모른다고 트라시마코스가 소크라테스를 타박하는 모습이 인상적이다. 굳이 현실 역사에서 사례를 찾지 않아도, 트라시마코스의 말이 틀린 것은 아니다. 현실이 정의롭지 않다는 그의 지적은 일리가 있다.

다음 그림은 이탈리아 시에나의 시청사(푸블리코 궁전) 내부에 그려진 대형 벽화 가운데 하나로, 현실에서는 정의가 강자의 이익임을 잘 보여준다. 그림을 보면 정의가 지배하는 곳으로는 소수의 사람만 찾아가지만, 불의가 지배하는 곳으로는 다수의 사람이 몰려간다. 왼쪽은 정의가 다스리는 국가를, 오른쪽은 불의가 지배하는 국가를 표현한다. 정의가 작동하고 있는 곳은 그 자체가 평화이지만, 불의가 지배하고 있는 곳에는 평화가 임하지 못하고 권력 밖에서 쉬고 있다. 현실이 이렇더라도, 그래서 트라시마코스의 지적을 받아들인다고 해도, 그 불의한 현실을 그냥 두어서는 안 된다는 것이 '순진한' 소크라테스의 생각이었다. 그의 반론이다.

불의가 정의보다 더 이익이 된다고 생각지 않네. 보시게나. 자네가 말한 그 불의한 사람이 몰래 그리고 공공연하게 전쟁을 통해서 불의를 저지를 수 있다 하더라도, 여전히 불의가 정의보다 더 이익이 된다고 설득할 수는 없네. 제1권 345a

인용은 정의는 강자의 이익이라는 주장에 대한 첫 번째 논박이다. 강자의 이익은 불의를 통해 획득한 것이므로 정의일 수 없다. 이를 입증해주는 근거는, 앞에서 길게 인용했듯이, 트라시마코스 자신이 이미 제시한 바 있다. 예컨대 도둑질로 얻은 이익이 정의일 수는 없기 때문이다. 플라톤은 아테네 사람들의 현실적인 정의관을 논박한

암브로조 로렌체티의 「좋은 정부의 알레고리」(1338). 왼쪽은 정의가 다스리는 국가를, 오른쪽은 불의가 지배하는 국가를 보여준다.

다. 여기서 이런 정의관을 악용하거나 남용하는 참주들을 비판하려는 플라톤의 생각이 잘 드러난다. 소포클레스가 오이디푸스 왕을 추방하여 이런 참주들에게 경종을 울리려 했다면, 플라톤은 정의는 강자의 이익이라는 주장에 부합하는 현실이 실상은 불의가 지배하는 세상이고, 그러는 한 참주가 얻은 이익의 실체는 불의에 바탕을 둔 것에 불과하다고 일갈한다. 하지만 현실적으로 보면, 정의는 강자의 이익이라는 주장은 참주의 독재를 정당화하는 통치 이데올로기로 작동하는데, 이것이 야기하는 위험성은 앞의 문제보다 더 심각하다. 플라톤의 말이다.

만약 사람들이 서로에게 불의를 행하지 않는다면, 어떠한가? 더 잘할 수 있지 않을까?

— 물론이지요.

트라시마코스, 이는 정의는 화합과 우애를 낳지만, 불의는 반목과 증오와 다툼을 낳기 때문이 아닐까?

— 그렇다고 칩시다. 나는 당신과 싸우고 싶지 않으니까요.

고맙네. 자 어떠한가? 이 점도 말해주게, 어디에서 나타나든, 불의가 하는 일이 증오를 낳는 것이라면, 불의가 자유 시민이나 노예들 사이에서 생겨나면 서로 미워하고 싸우게 만들어 도저히 힘을 모을 수 없게 만드는 것이 아닌가?
(…)

그러니까 불의는 분명히 두 가지 힘을 가지고 있네. 불의가 발생하는 곳이 국가든 부족이든 군대든 어떤 단체든 불의는 첫째, 그 단체가 내분과 다툼에 휘말려 서로 협력할 수 없게 만드네. 둘째, 불의는 그 단체가 자기 자신뿐만 아니라 정의를 포함하여 자신과 반대되는 모든 것과 원수가 되게 만드네. 그렇지 않을까?

— 물론이지요. 제1권 351d~352a

위의 대화에 따르면, 정의가 강자의 이익이라는 주장이 위험한 이유는 그것이 정의가 아니라 불의이고 그 불의는 강자의 이익에만 봉사하는 것이 아니라 국가와 공동체를 둘로 쪼개어 서로 싸우게 만드는 근본 원인이기 때문이다. 또 이것은 트라시마코스의 정의관이 근거로 삼는 현실 추수주의追隨主義 논변에 대한 반박이다. 현실적으로 정의가 강자의 이익에 봉사하는 것처럼 보인다고 할지라도, 실제로 그것은 불의에 불과하며 이렇게 행해진 불의는 국가를 내분과 내전으로 몰고 가서 최악에 이른다는 것이다. 이와 같은 논박을 통해서 정의는 강자의 이익이라는 트라시마코스의 주장은 논파된다. 하지만 그의 정의 관은 당시 아테네 국가 권력을 장악했던 참주들의 강력한 통치 이데올로기였다. 플라톤의 논박은 사실 논리상으로만 이뤄진 것이지, 현실 정치에서 정의는 강자의 이익이라는 생각이 더욱 위력을 행사했다. 그 힘은 전쟁이나 역병 같은 재난의 상황에서 더욱 강화되었다. 그 결과 국론이 분열되고, 친구를 사랑하고 적을 미워하라는 애친증적의 정의관과 짝을 이루어 국가를 파멸로 이끌었다.

알키비아데스가 주도한 시칠리아 원정은 그것의 단적인 예다. 원정을 강행함으로써 수많은 시민들이 죽었으며 아테네는 처참히 패한다. 여기에는 강한 것이 약한 것을 지배한다는 정의관이 결정적으로 작용했다. 또한 더 많은 것을 차지하려는 시민들의 탐욕이 또아리를 틀고 있었다. 모두 국가가 하는 일이므로, 자신들이 행하는 짓이 어떤 불의를 저지르는 것인지에 대한 반성이나 자기 인식이 없었다. 시민들 각자의 욕망과 국가의 욕망이 서로 일치했기 때문이다. 어떤 절제도 어떤 염치도 없었다. 오히려 절제와 염치는 소심함과 비겁함의 표현이라 여겼다. 소크라테스가 "정의란 행복을 원하는 사람이라면 그 누구든 그 자체 때문에 그리고 그 결과 덕분에 좋아야 하는 가장

프랑수아 앙드레 뱅상의 「알키비아데스를 가르치는 소크라테스」(1776).
소크라테스가 "너 자신을 알라"고 한 것은 자기 행위에 대한 반성과
인식을 강조한 말이다.

아름다운 것"^{제2권 358a}이어야 한다고 외쳐도, 욕망은 이런 충고에 귀 기울일 여지를 주지 않았다.

플라톤의 말대로 일반 시민들이 생각하는 정의는 "보수를 받거나 인심을 얻기 위해서 행하는 것에 불과하고, 실제로는 행하기 어려워서 부담스러운 일"^{제2권 358a}이었다. 달리 말하면 정의란 '남만 좋게 해주는 일'이란 게 아테네 시민 대중의 머릿속에 박힌 생각이었다. 그들에게 정의는 '원하는 대로 할 수 있는 자유^{엑수시아exousia}', 즉 방종을 뜻한다. 플라톤이 지적하듯이, 이는 기게스의 반지가 가진 힘을 소유한 것이었다. 이 반지는 안쪽으로 돌리면 남의 눈에 보이지 않는 투명 인간이 되게 한다. 이 반지를 낀 사람은 무엇이든 마음대로 훔칠 수 있고, 아무 집에 들어가 마음대로 여성을 겁탈할 수 있으며, 마음대로 사람을 죽일 수도, 감옥에서 범죄자를 풀어줄 수도 있는 등 모든 일에 신처럼 행동할 수 있다. 무슨 짓을 해도 남의 눈에 띄지 않으므로 불의를 행하면서도 정의로운 사람처럼 보이게 만드는데, 플라톤은 이를 "불의의 극치"^{제2권 361a}라고 했다. 플라톤의 말이다.

자신이 욕망하는 대로 행할 수 있는 자유를 얻은 사람은 정의로운 사람처럼 보이므로, 우선, 국가를 통치하고, 이어서 자기가 원하는 집안과 혼인을 맺고, 자식들을 자신이 원하는 사람과 결혼시키며, 자신이 원하는 사람과 거래를 하며, 다른 무엇보다도 아무 거리낌 없이 불의를 저질러서 손쉽게 이익을 본다. 공적이든 사적이든 경쟁에서 쉽게 상대를 제압하고, 부자가 되어 친구들은 도와주고, 적들에게는 고통을 줄 수 있다. 신들과 자신이 좋아하는 사람들에게도 큰 제사와 잔치를 베풀어줄 수 있기에, 정의로운 사람보다 불의를 마음대로 행할 수 있는 자유를 얻은 이 사람이 신들의 사랑을 받는다고 보통 사람들은 당연히 생각한다. 제2권 362b~c

인용은 정의는 강자의 이익이라는 정의관 이면에 숨어 있던 실상을 발가벗기는 대목이다. 이런 정의는 고삐 풀린 욕망의 자유에 불과하다. 이런 자유는 막다른 골목에 이르게 된다. "시민들은 미워하고 미움을 받으며, 음모를 받고 음모를 꾸미며, 외부의 적보다 내부의 적을 더 두려워하면서 한평생을 살게 된다네. 시민들 자신은 물론 국가 전체도 서둘러 파멸의 길을 재촉하는 것"제3권 417b이었기 때문이다. 이렇게 통제 없는 자유로 부풀어 오른 아테네 국가를 바라보면서 플라톤은 『국가』를 집필하는 목적을 다음과 같이 밝힌다.

내 생각에 우리가 같은 길을 꾸준히 가다 보면 답을 찾을 걸세. (…) 우리가 국가를 세우는 목적은 한 집단을 행복하게 만드는 것이 아니라, 국가 전체를 최대한 행복하게 만드는 걸세. 우리는 이런 국가에서 정의를 발견하게 될 가능성이 가장 높고, 잘못 통치되는 나라에서 불의를 발견할 가능성이 가장 크네. 이 두 국가를 살펴보면 원래 우리가 찾고자 하는 답변을 찾을 수 있을 걸세. 우리는 선택된 소수의 행복이 아니라 시민 전체의 행복을 위하는 것이 행복한 국가라고 여길 수 있는 논의를 하고 있는 중이네. 제4권 420b~c

이성·기개·욕망이 제 역할을 하는 내적인 정의

행복한 국가는 소수를 위한 나라가 아니라 모두를 위한 나라다. 플라톤은 모두의 행복을 위해서는 정의가 바로 서야 한다고 주장한다. 물론, 정의가 바로 서 있는, 그래서 정의가 무엇인지를 묻고 찾을 필요도 없는 나라가 이상 국가다. 이런 이상 국가에 대비되는 나라가 실은 플라톤이 살았던 아테네였다. 불의가 정의로 둔갑해도 누구 하나 이의를 제기하지 않는 나라가 플라톤의 눈에는 아테네였기 때문이다. 그도 그럴 것이, 아테네는 이를 문제 삼은 소크라테스를 무고하게 사형을 선고한 나라였다. 이렇게 불의에 가득한 아테네를 구원하기 위해서 플라톤은 이른바 정공법을 선택한 것이다. 더는 우회하지 않고, 욕망으로 가득한 시민들의 마음을 다스릴 방법이 필요했다. 이를 위해서는 국가를 구성하는 개인의 욕망을 통제하는 것이 급선무라고 보았다. 플라톤은 개인 안에 그 욕망을 통제하고 다스릴 수 있는 제어장치를 만들어주자고 말한다.

절제는 어떤 의미에서 일종의 질서이며, 특정 쾌락과 욕망의 억제일세. 그래서 사람들은 '자신의 주인'이라는 모호한 표현으로 절제의 본성을 말했다네. (…) 우습지 않은가? 자신의 주인이 자신의 노예이기도 하고, 자신의 노예가 자신의 주인도 되기에 말일세. (…) 내가 보기에 이 말의 뜻은 이러하네. 사람의 영혼 안에는 나은 부분과 못한 부분이 있네. 본성적으로 나은 부분이 못한 부분을 제어하면 그 사람은 '자신의 주인'으로 부를 수 있네. 칭찬의 표현으로 말일세. 하지만 나쁜 양육과 나쁜 교육을 받은 탓에 나은 부분이 못한 부분에 지게 되면, 이는 욕을 들어먹어도 마땅한 것인데, 이런 무질서한 상태에 있는 사람을 '자신의 노예'

플라톤, 『국가』

자크 루이 다비드의 「소크라테스의 죽음」(1787). 불의에 눈감은 아테네
인들은 소크라테스를 무고하게 죽이는 결과를 낳았다.

라고 부르는 걸세. 제4권 430e~431b

플라톤은 자유를 자랑하고 강조했던 아테네 시민들을 자신의 노예에 불과한 자들이라고 비꼬았다. 좋은 나라를 위해서는 좋은 사람이 있어야 하는 것은 필수 조건이다. 이에 플라톤은 좋은 사람을 기르기 위해서, 욕망이 자리 잡고 있는 영혼의 문제로 논의를 심화한다. 아테네 시민을 각기 '자신의 주인'으로 만드는 것이 저술 의도였기에, 이는 당연한 수순이었다. 사람 안에 저마다 '자신의 주인'이 자리하는 곳이 영혼이었기 때문이다. 중요한 것은 플라톤이 개인의 영혼과 국가의 영혼이 유비적으로 서로 닮은꼴이라고 규정한다는 사실이다.

우리의 국가 안에 존재하는 부분들과 그 특징들이 우리 개인 안에도 존재한다는 사실을 동의하는 것은 아주 당연하겠지? 우리 나라의 그런 부분과 특징이 다른 나라에서 유래한 것은 아니기에 하는 말일세. 제4권 435d~e

플라톤은 국가를 구성하는 통치자·수호자·생산자의 삼분 구조가 개인 영혼의 이성·기개·욕망의 연장에 해당한다고 본다. 다시, 플라톤의 말이다.

> 국가가 돈을 버는 계급, 보조자 계급, 결정권을 쥐고 있는 계급, 이렇게 세 계급으로 구성되듯이, 영혼도 국가처럼 나쁜 양육 탓에 타락하지 않은 한에서 본성적으로 이성의 부분을 보조하는 제3의 부분인 기개를 가지겠지? 제5권 441a

플라톤은 개인의 욕망을 다스리는 것이 좋은 국가를 구성하는 조건이라 여긴다. 그는 말한다. "욕망과 기개가 이런 방식으로(노래와 음악으로) 양육되어 참으로 자신들이 할 일에 적합한 훈련과 교육을 받는다면, 각자 영혼의 대부분을 차지하는 재물에 대한 끝없는 욕망을 지배하게 될 걸세. 이성과 기개는 욕망이 이른바 육체적인 쾌락들로 넘쳐나지 않도록 해야 하네. 그렇지 않으면 욕망이 너무 커지고 강해져서 그것이 지배해서는 안 되는 다른 부분들을 예속시키고 지배함으로써 모두의 삶을 완전히 망가뜨린다네"442a~b. 결론적으로, 개인의 영혼 안에 있는 정의는 국가 안의 정의와 일맥상통하는 것이 된다.

영혼의 각 부분이 본성적으로 자신이 해야 할 바를 하는 것이 개인의 내적인 정의다. 이성의 기능은 지도하고 지배하는 것이다. 이를 제대로 수행하는 것이 이성의 정의다. 기개의 기능은 보호하고 막아주는 것이다. 이를 제대로 수행하는 것이 기개의 정의다. 욕망의 기능은 생산하는 것이다. 이를 제대로 수행하는 것이 욕망의 정의다. 저마다 해야 할 일을 하는 것이 정의다. 이는 각자에게 각자의 것을 주장하는 분배 정의의 원칙에도 어긋나지 않는다. 플라톤은 이를 통해서 아테네 시민들을 욕망으로 치닫게 한 '정의는 강자의 이익'이라는 정의관을 논파한다. 이것의 문제는 결정적으로 사람을 '자신의 주인'이 아니라 '자신의 노예'로 만들기 때문이다. 이런 의미에서 기개를 상징하는 헤라클레스가 더는 테베의 구원자가 될 수 없다고 본 에우리피데스의 입장은 정당성을 얻는다. 적어도 헤라클레스는 자기 욕망의 주인이 아니라 분노로 점철된 욕망의 노예였기 때문이다. 그 결과 그는 가족과 동족을 죽인다. 그의 광기는 무절제와 무지의 소산이었는데, 플라톤에게는 이것이 궁극적으로 불의다.

정의가 그런 것이라면, 불의는 틀림없이 이성·기개·욕망 사이의 일종의 내전이고 참견과 간섭이네. 영혼의 한 부분이 전체에 대해 반란을 일으키는 것이네. 영혼의 한 부분이

플라톤, 「국가」

영혼 전체를 지배하는 것은 적절치 않네. 그 부분은 정당하게 지배하는 부분에 종노릇해야 하는 것이 맞을 걸세. 더 나아가 이 세 부분의 혼란과 방황은 불의이지. 무절제, 비겁함, 무지가 모든 악의 근원이 되는 걸세. 제4권 444b

이전에 아무리 인류를 위해 좋은 일을 했더라도 미친 헤라클레스는 불의의 표상일 뿐이다. 내적 정의를 준수하지 않았기 때문이다. 이처럼 플라톤은 친구를 사랑하고 적을 미워하라는 미친 헤라클레스의 애친증적의 정의관을 논파한다. 외부의 적에게는 유효하나 내부의 적에게는 치명적이기 때문이다. 플라톤은 처방을 내린다.

정의로운 행위와 불의한 행위가 영혼에 미치는 영향은, 건강에 좋은 행위와 좋지 않은 행위가 몸에 끼치는 영향과 같다네. (…) 건강은 몸을 구성하는 여러 부분의 관계가 본성에 따라 서로 다스리고 다스림을 받는 것이고, 질병은 서로 다스리고 다스림을 받는 관계가 본성에 어긋나는 것이네. 정의는 영혼을 구성하는 부분의 다스리고 다스림을 받는 관계가 본성에 맞게 이뤄지는 것이고, 불의는 다스리고 다스림을 받는 관계가 본성에 어긋나게 이뤄진 것이네. 444c~d

정의는 건강과 마찬가지로 영혼을 구성하는 부분들 사이에 균형과 조화를 이룬 상태이다. 각자 해야 할 일을 하면서도 타자의 일을 간섭하지 않기에 서로 균형의 관계를 맺으며, 이렇게 균형을 이룬 전체를 조화라고 부른다. 플라톤은 결론을 이끌어낸다.

정의가 분명히 그런 원칙(각자는 각자의 일을 하는 것)이라 할지라도, 정의의 진정한 의미는 누군가의 외적인 행위가 아니라 내적인 행위이네. 참된 자아의 기능일세. 정의로운 사람은 자신 안에 있는 세 부분(이성·기개·욕망)이 각기 남들이 하는 일을 자기가 하거나 서로 참견하지 못하게 하는 거라네. 마치 음계에서 세 음정, 즉 최고음·최저음·중간음 세 부분을 조율하듯이 서로 독립적으로, 질서를 유지하며 살아가면서 자신과 사이좋게 지낼 걸세. 이렇게 이 부분과 다른 부분이 잘 훈련되어 조화로운 하나의 전체를 이룬다면 여럿이 아니라 하나가 되어 살아갈 걸세. 돈을 버는 일이든, 몸을 돌보는 일이든, 정치에 참여하든 계약을 하든 말일세. 이렇게 살아가는 동안에 이런 마음의 상태를 유지하거나 유지되도록 도와주는 일을 정의롭고 훌륭한 행위라 부르고, 이런 행위를 지휘하는 지식을 지혜라 부른다네. 이런 마음의 상태를 깨뜨리는 것은 불의한 행위이고, 이런 행위를 이끄는 것을 무지라 부르네. 제4권 443c~444a

인용은 플라톤이 말하는 좋은 나라, 즉 정의로운 나라가 어떤 모습이어야 하는지를 짐작케 한다. 그것은 절제와 균형을 아는 조화로운 나라다. 오늘날은 이런 구호가 넘쳐나서 식상할 수 있지만 당시에는 사정이 달랐다. 친구를 사랑하고 적을 미워하라는 애친증적의 논리가 통치 이데올로기였던 시대에, 국가를 구성하는 부분들, 즉 세력들 간의 균형과 조화를 이루어야 한다는 제안은 참으로 신선한 것이었다. 정쟁에서 경쟁자는 외부의 적군이 아니라 서로를 인정하고 균형과 조화를 이루어야 할 공동체의 다른 한 부분이기 때문이다. 플라톤은 그런 인식으로 애친증적의 논리를 타파한다. 현실은 전혀 그렇지 않은데도 말이다. 하지만 균형과 조화를 중시하는 것이 곧 정의로운 나라라는 주장은 그 자체로 설득력을 갖는다. 균형을 잃을 때 국가는 질병 상태, 곧 내전의 질곡 아래에 놓이기 때문이다. 이른바 진영론적인 사고의 모태인 애친증적의 정의관은 논리적으로는 이렇게 용도 폐기된다.

좋은 시민을 기르는 교육

플라톤은 이를 논파하는 데 그치지 않고 한 걸음 더 나아가 교육의 필요성을 역설한다.『국가』의 저술 동기 중 하나가 아테네의 현실 세계에 만연한 애친증적의 정의관을 극복하는 것이었기 때문이다. 이와 관련해서 플라톤은 욕망이 아테네를 지배한 것은 결국 시민들의 무지가 그 원인이라고 지적한다. 여기서 전쟁과 역병이라는 이중의 재난 사태를 극복하기 위해 플라톤이 제안하고자 한 처방의 실체가 분명히 드러난다. 그것은 '무지'로부터의 벗어남, 즉 교육이다.『국가』편의 대부분을 차지하는 대화 주제가 교육이라는 사실은 결코 우연이 아니다. 플라톤이 교육을 강조한 것은 욕망에 들뜬 아테네인을 성숙한 시민으로 길러낼 방법이 달리 없었기 때문이다.

2400년이 지난 오늘도 사정은 크게 달라 보이지 않는다. 혹자는 예술과 문화가 기여할 수 있다고 말한다. 하지만 무지에서 얼마나 벗어나느냐가 예술과 문화를 음미하고 이해할 수 있는 수준을 결정하므로 결국 더 근본적인 것은 교육일 수밖에 없다. 정의로운 사람의 몸과 영혼을 기르고 가르치는 것이 교육이기 때문이다. 교육은 균형과 조화를 유지하는 나라를 만드는 밑바탕이다. 사실, 그런 나라가 건강하다고 생각한 것은 플라톤이 처음은 아니다. 『소크라테스 이전 철학자들의 단편 선집』에 나오는, 기원전 6세기경의 의학자 알크마이온의 생각이었다.

알크마이온의 말이다. 건강은 습기와 건기, 열기와 냉기, 쓸쓸함과 달콤함 등등의 힘들 사이에 있는 평등한 권리 isonomia에 달려 있다. 이 힘들 가운데 어느 하나가 왕의 권좌를 차지하면 질병이 생겨난다. 반면에 건강은 이와 같은 힘들의 균형 잡힌 섞임이다. 24B4

정의와 건강을 유비한 플라톤의 기술이 알크마이온의 생각에 뿌리를 두고 있음을 알 수 있다. 알크마이온은 국가와 정치를 묘사하고 서술하는 데 의술의 술어와 그것의 사유 체계를 본격적으로 도입한다. 흥미롭게도 투키디데스·소포클레스·에우리피데스의 작품들 역시 그런 용어들을 많이 차용하고 있다. 플라톤의 『국가』 편도 의술을 비유적으로 또는 의술의 전문 용어들을 직접 차용해 저술되었다. 이런 사실을 우연으로 볼 수도 있지만, 그런 작품들이 아테네 역병으로 인해 제대로 대우받기 시작한 의술에 본격적으로 영향을 받았다는 뜻이다.

자신의 영혼을 돌보는 정의로운 나라

플라톤의 아카데메이아(기원전 1세기). 플라톤은 욕망에 들뜬 아테네인
들을 성숙한 시민으로 기르기 위해 교육을 강조했다.

이제 정리하자. 소포클레스는 아테네 시민들에게 "나는 누구인가?"라는 화두를 던졌다. 답이 아니라 물음 자체가 중요하다. 운명의 흐름 위에 던져진 '내'가 누구인지에 대해 답할 사람은 아무도 없기 때문이다. 하지만 플라톤에게 이것은 그리 심각한 물음이 아니었다. 왜냐하면 그런 물음을 받고서 고민해야 하는 사람은, '자신의 노예'로 살아가는 자들이기 때문이다. '자신의 주인'으로 살아가는 이들에게는 이런 물음 자체가 큰 의미가 없다. 따라서 플라톤에게 중요한 것은 자신을 '나'의 주인으로 만들어주는 교육이었다. '나'를 '자신의 주인'으로 만들어준다면, 욕망에 흔들리거나 그 욕망이 초래한 운명의 변주에 흔들리지 않게 되리라 여겼다. 이를 위해서 플라톤은 욕망이 자리 잡고 있는 영혼을 들여다보았고, 영혼 안의 이성과 기개와 욕망이 제각기 해야 할 일을 한다면, 그것이 정의라고 보았다. 여기에는 소포클레스가 걱정했던 불의가 끼어들 틈이 없다. 이것이 소포클레스의 물음에 굳이 답할 필요가 없었던 이유다. 플라톤의 관점에서, 영혼의 각 부분이 제 기능을 한다면 오이디푸스가 쫓겨날 이유도 없었고, 쫓겨나서도 안 되었다. 정의로운 사람이 추방당한다면 그것이 곧 불의이기 때문이다.

다시 말하지만, 플라톤이 역병의 영향을 직접적으로 받고서 『국가』를 저술한 것은 아니다. 하지만 역병과 전쟁으로 욕망의 아수라장이 되어버린 아테네를 구하기 위해 저술된 것은 분명하다. 역설적으로 플라톤이 욕망을 추적하다가 포착, 발견하게 된 것은 영혼이었다. 어쩌면 그것은 욕망 덕분일지도 모르겠다. 이런 의미에서 플라톤의 영혼은 소포클레스의 물음에 대한 가장 객관적이고 안전한 답변이리라. 영혼의 돌봄이 교육의 중요한 책무가 된 것도 이때부터다. 영혼을 돌보는 일이 정의로운 나라를 만드는 초석이기 때문이다. 그렇다면 인류가 영혼을 돌보게 된 데는 역병도 한몫했음은 부인할 수 없겠다.

코로나19 재난 사태를 겪고 있는 지금의 인류는 과연 무엇을 새롭게 발견할 수 있을까? 코로나 역병이 여전히 진행 중이어서, 현재 어떤 인문학적인 진단이나 결론도 성급한 일일 것이다. 어쨌든 플라톤은 투키디데스·소포클레스·에우리피데스와 같은 선배들이 관찰하고 반성한 것을 토대로 역병이 야기한 욕망 사회를 성찰하려 했다. 이런 시도를 하는 중에, 플라톤은 자신이 이루고자 했던 정의로운 나라는 현실에서 실현될 수 없노라고 실토해버린다. 허망하기 짝이 없지만, 일단의 그의 말이다.

알겠습니다. 선생님은 이제까지 우리가 수립하면서 말했던 나라가 이론으로 있는 나라에서나 가능하다는 말씀이군요. 이 나라는 세상 그 어디에도 존재하지 않으리라 저는 생각합니다.

— 하지만 그 국가는 아마도 본보기로 하늘에 자리 잡고 있다네. 누구든지 원하면 그것을 보고, 본 것에 따라서 자기 안에 국가를 세울 수 있을 걸세. 그 국가가 어디에 있느냐, 또 어디에 있을 것이냐는 중요하지 않네. 그는 그 국가의 정치에만 관여할 뿐, 나라의 정치에는 참여하지 않을 것이므로. 제9권 592a~b

위의 대화를 도대체 어떻게 이해해야 할까? 이런 해명이 가능할는지 모르겠다. 이상적인 사회는 정의로운 사회다. 따라서 정의가 문제 있는 사회는 아니다. 그저 각자 본분에만 충실하면 된다. 그렇다면 정의가 필요한 곳은 어디인가? 플라톤이 살았던 당시 아테네였다. 아니, 어쩌면 우리가 사는 오늘 여기일 것이다. 이쯤에서 플라톤이 이상 국가를 세운 이유가 분명해진다. 그것은 이상 국가에서 행복하게 살아가는 시민이 아니라 현실 국가에서 힘겹게 씨름하며 살아가는 시민들을 위한 것이기 때문이다. 정의와 불의가 혼재된 현실 국가에서 그 둘을 분별할 줄 알아야 한다. 그러려면 정의가 무엇인지 알아야 하는데, 이는 이론적으로나 논리적으로나 결코 파악하기가 쉽지 않다. 또한 현실적으로도 정의롭게 산다는 것이 가져다주는 난감함이나 불리함에 대한 오해를 풀어주기도 녹록지 않다. 이런 사정으로 플라톤은 이상 국가를 세웠을 것이다. 비록 자신의 말대로 한낱 꿈에 불과한 이야기지만,『국가』는 사람들에게 정의가 무엇이고, 정의를 어떻게 실현할 수 있는지 고민하고 대화하게 만들었다는 점에서 플라톤이 바라던바 소기의 목적은 달성했다.

이와 관련해서 플라톤도 소포클레스가 물었던 방식으로 화두를 하나 던진다.『국가』편은 자신의 주인 노릇을 하려면, "어떻게 살아야 하는가How to Live?"를 독자에게 끊임없이 묻게 한다. 물론 답은 정의롭게 살라는 것이다. 이것은 정해진 답이나 다름없다. 누군들 이 말을 몰라서 그렇게 살지 못하는 것이 아니지 않는가. 그런데 이 물음도 답에 초점이 맞춰진 것이 아니라 질문 자체에 무게 중심이 놓인 것이다.

예컨대 어떤 곤란한 상황이나 막막한 난제 앞에서 "어떻게 살아야 하는가"를 되뇌는 것만으로도 이미 정의와 그것의 가까운 친구들인 진실·명예·절제·지혜 등을 머릿속에 떠올릴 수 있다. 이런 의미에서, 플라톤의 정의론은 욕망에 부풀어 '자신의 노예'로 살아가고 있는 사람들에게 '자신의 주인'으로 살게 도와주는 길잡이 역할을 충분히 했다. 현실을 지배하는 전통적인 정의관들인 '친구를 사랑하고 적을 미워하라'와 '정의는 강자의 이익'이라는 논리가 얼마나 위험한지를 보여주었고, 적어도 논리적으로는 그것들을 논파했기 때문이다. 특히 정의를 내적인 행위로 보고 있다는 점에서, 플라톤의 정의론은 교육의 중요성을 강조한다. 교육은 좋은 나라의 구성 조건인 좋은 시민을 가르치고 길러내기 위해서는 필수적이다. 플라톤은 사람들이 스스로 자기 주인이 되어야 한다고 강조한다. 플라톤이 아테네 사람들에게 어떻게 살아야 하는가를 물어야 한다고 설득한 까닭이다. 소포클레스가 아테네 사람에게 '나는 누구인가'를 물었듯이 말이다.

벌거벗은 인간

호메로스, 『일리아스』

Ilias

Homeros

아킬레우스여! 신을 두려워하고 그대의 아버지를 생각하여 나에게 연민의 마음을 가지시오! 나는 그분보다 더 동정 받아 마땅하오. 나는 세상의 어떤 사람도 하지 못한 일을 하고 있소. 내 자식을 죽인 사람의 얼굴에 손을 내밀고 있으니 말이오.

루크레티우스의 조언

이제 역병으로 이야기가 시작되는 호메로스의『일리아스』를 살펴보고자 한다.『일리아스』는 앞서 살펴본 투키디데스·소포클레스·에우리피데스·플라톤이 분석하고 통찰한 인간 사회를 지탱하는 뿌리 깊은 두 정의관을 뛰어넘어 인간 존재의 근원에 자리 잡은 용서와 화해, 즉 사랑의 힘을 성찰하는 데 이른다. 인류의 역사와 문명에 언제나 새로운 영감을 불어넣는 고전인『일리아스』는 분노와 슬픔을 넘어 화해와 용서로 갈무리된다. 이는 역병이나 전쟁과 같은 재난의 상황에 처할 때, 인간이, 더 나아가 인류가 어떤 생각을 가져야 하는지를 제시하고 있다.

『일리아스』로 들어가기 전에, 역병의 극복과 관련하여 욕망의 존재인 인간의 약점과 한계를 다시금 환기할 필요가 있겠다. 어떤 문제를 해결하기 위해서는 먼저 빚어진 현상과 사안을 정확히 파악하고 객관적으로 인식해야 한다. 하지만 인간은 그것을 잘 알면서도 언제나 그에 앞서 욕망에 쉽게 휘둘리는 모습을 보여왔다.

유사 이래 인간의 지식과 기술은 어느 때보다 고도로 발전했다. 하지만 그에 따른 인간의 마음과 정신과 영혼은 얼마나 나아지고, 또 세상은 얼마나 아름답게 바뀌었을까? 기원전 430년에 발생한 역병으로 혼란에 빠졌던 아테네와 2020년 현재 코로나 역병에서 좀처럼 헤어나지 못하는 전 세계 많은 나라들의 위기와 혼란을 지켜보노라면, 욕망에 휘둘리는 인간의 본성은 크게 달라진 게 없어 보인다.

사정이 이러하지만, 어쨌든 서양 문명은 거칠게나마 대략 두 가지 방식으로 역병에 대처해오긴 했다. 하나는 기독교와 같은 신의 세계에 귀의하는 것이고, 다른 하나는 죽음의 공포에 대해 합리적으로 이해하고 통찰하자는 것이다. 전자와 관련해서는, 단적으로 흑사병이 휩쓴 중세를 예로 들 수 있다. 하지만 역병으로 인한 고통과 죽음의 공포에 짓눌린 사람들에게 '죽음이란 아무것도 아니다'라는 말이나 '죽음 뒤에 구원받으리라'는 신의 음성이 무슨

138

호메로스, 「일리아스」

소용이 있었겠는가. 후자와 관련해서는, 기원전 1세기에 활약한 로마의 자연철학자 루크레티우스를 들 수 있다. 스승인 에피쿠로스의 자연철학을 라틴어 운문으로 지은 그의 대표작 『사물의 본성에 관하여』 제6권 도입부다.

어느 땐가, 빛나는 이름의 아테나이가 최초로, 고생하는 필멸의 인간들을 위해서 곡식을 나르는 새싹들을 나눠주었다. 그 도시는 또한 새로운 생명을 주어 법률을 제정하고, 처음으로 사람에게 달콤한 위안을 주었다. 언제가 진실을 전하는 입으로 모든 것을 쏟아낸 그런 이성을 타고난 이를 낳았을 때, 그의 빛이 사라진 뒤에도, 그의 신적인, 널리 알려진 발견으로 말미암아 이미 오랜 그의 명성은 하늘에 닿았다. 제6권 1~8행

"그런 이성을 타고난 이"는 에피쿠로스다. 이렇게 찬사를 받을 만한 이유로 루크레티우스는, 에피쿠로스가 자연은 인간에게 달린 것이 아니라, 즉 인간의 욕망에 따라 자의적으로 해석하고 이해할 수 있는 것이 아니라, 자연 스스로의 힘과 의지에 따라 움직인다는 사실을 알려주었기 때문이라고 밝힌다. 즉, 자연을 객관적으로 이해하는 토

대를 마련한 사람이 에피쿠로스라는 것이다. 흥미롭게도 루크레티우스는 『사물의 본성에 관하여』 제6권 마지막 부분1138~1287행에서 아테네 역병을 자세히 소개하고 있다. 투키디데스의 역병 묘사를 참조한 것인데, 루크레티우스가 그 부분을 책 끝에 배치한 이유가 중요해 보인다. 학자에 따라서, 그 뒤에 더 이어질 다른 내용이 있다고 보는 이도 있다.

아무튼 짓누르는 죽음의 공포에서 인간을 해방시키는 것은, 인위적으로 만들고 축적해온 문화와 문명의 기제가 아니라 자연을 객관적으로 이해하는 데서 비롯됨을 강조하기 위해서다. 역병의 관점에서 인간을 바라볼 필요가 있다는 얘기다. 다시 말해, 역병은 인간의 딱한 처지를 돌아보지 않는다. 그 자체의 운동 원리와 자기 의지를 따를 뿐이다. 요컨대 역병은 동반하여 찾아오는 기근, 이른바 '경제 코로나'에 대해서도 관심이 없다. 인간의 욕망도 희망도 존중하지 않는다. 생계의 절박함도 관심이 없다. 아니, 그 절박함을 이용하는 교활함마저 보인다. 경제 때문에 조금만 방역을 느슨하게 해도 어김없이 그 틈을 타고 확산한다. 어쩌면 지금 우리는 딜레마에 놓여 있을지도 모르겠다. 역병 코로나를 잡으려 하면 경제 코로나가 창

호메로스, 『일리아스』

궐하고, 경제 코로나를 잡으려 하면 역병 코로나가 창궐하다 보니, 이러지도 저러지도 못한다. 이 상황을 어떻게 풀어야 할까?

루크레티우스의 조언이 힘이 될 것이다. 역병은 그 원리와 의지를 파악해서 잡아야 한다는 것, 자연은 자연의 원리를 따른다는 점을 명심할 필요가 있다. 경제 코로나의 불안감과 압박감으로 역병 코로나를 가벼이 여겨서는 안 된다. 미국과 유럽이 역병과 경제 사이에서 어정쩡하게 정책을 폈다가 2, 3차 대유행이 일어난 사태를 우리는 보았다. 결국, 이 문제를 해결하는 것은 정치적인 선택일 수밖에 없을 것이다.

그러나 이미 말한바, 정작 역병이 닥쳤을 때 합리적으로 이해하고 통찰하면서 대응한 적은 거의 없었다. 역병이 자연 질병인데도 과학의 논리가 아니라 정치나 경제 등의 논리가 횡행하는 것으로 보아, 지금도 마찬가지일 것이다. 그리고 그런 논리에는 인간의 욕망이 작동한다.

아킬레우스의 분노

코로나19는 인간의 본성을 다시금 확인하는 계기가 되었다. 욕망에 이끌려 자기 자신의 노예로 살아가는 모습

말이다. 오래전 플라톤이 이 문제를 파헤쳐 제시했는데도 인간은 그때와 비교해 크게 달라진 게 없는 듯하다. 오히려 더욱 오만해졌다. 사실 인간의 이런 특성을 처음으로 간파한, 적어도 문헌상 최초로 끄집어내 문제를 제기한 사람은 호메로스였다. 그가 실존 인물인지 아닌지의 논쟁이 있지만, 이름이 전해지는 한 호메로스는 역병 앞에 드러난 인간 본성의 실체를 적나라하게 보여준 최초의 작가였다. 『일리아스』는 하늘에서 아폴론이 역병을 쏘아 내려보내자 그로 인해 내분이 일어나 그리스 군대가 몰살당하는 과정을 보여준다. 아테네 사람들이 이 작품을 그토록 좋아했음에도, 정작 현실에서 역병의 급습을 받자 그들이 보인 모습은, 인간의 본성은 결코 변하지 않는다는 것을 확인만 시켜줄 뿐이었다.

그럼에도 역사에는 이런 인간 구하기를 포기하지 않은 사람들이 있었는데, 플라톤과 호메로스가 그런 대표적인 인물이었다. 문학 속에서 창조된 인물이기는 하지만, 아킬레우스는 정의는 강자의 이익, 친구를 사랑하고 적을 미워하라는 정의관에 맞서 싸우고 행동하며 마침내 이를 타파한 인물이었다. 그는 역병을 물리치지는 못했지만, 역병이 만들어낸, 아니 역병과 함께 찾아온 저 정의관들을

호메로스, 『일리아스』

바닥에 내던져 부숴버린다. 『일리아스』의 시작 부분이다.

분노를 노래하소서, 여신이여. 펠레우스의 아들 아킬레우스의 파괴적인, 수천의 아카이아인들에게 수많은 고통을 가져다준 분노를! 수많은 영웅들의 강건한 혼백들을 하데스로 보냈고, 그들을 개들과 새들의 먹이로 던져버렸다네. 이렇게 제우스의 뜻은 이루어졌다네. 도대체 어디에서 처음 비롯되었는가? 남자들의 왕 아트레우스와 고귀한 아킬레우스가 서로 싸우고 갈라서게 된 것이. 신들 중에 도대체 어느 분이란 말인가? 그들을 싸움의 한가운데로 내던진 이는? 레토와 제우스의 아드님이지. 제1권 1~9행

인용에서 '수많은 혼백'들은, 주인공 아킬레우스의 적이었던 트로이 군인들이 아니라 자신의 동지이자 친구인 그리스 용사들이었다. 이 점에서 『일리아스』는 독특한 작품이다. 대부분의 전쟁 이야기가 적을 용감하게 무찌른 무용담인데 반해, 『일리아스』는 아군과 동료에게 죽음을 가져다준 사건을 노래하고 있다.

이야기는 아킬레우스의 분노로 시작된다. 그 이유가 어떠하든 수많은 동료들을 죽음으로 몰아넣은 아킬레우스

143

의 분노는 과연 정당할까? 호메로스에 따르면 뜻밖에도 그렇다. 그의 분노는 정의는 강자의 이익이라는 정의관에 대한 도전이자 반박으로 이해될 수 있기 때문이다. 이는 호메로스가 아킬레우스의 분노를 그리스어 메니스^{Menis}로 규정한다는 점에서 분명히 드러난다. 메니스는 본래 신의 분노^{Ira Dei}를 가리키는 말이다. 어쨌든 서양 문학에, 아니 서양 문명에 최초로 등장하는 말이 '분노'였다는 사실은 매우 중요하다.

분노의 발단은 이러했다. 그리스군이 트로이를 포위한 지 10년이 넘어 전쟁이 막바지에 이르렀을 무렵, 어느 날 아가멤논의 막사에 한 노인이 찾아온다. 그는 태양신 아폴론의 사제인 크뤼세스였다. 전리품으로 아가멤논의 후처가 된 자신의 딸을 되찾으려고 온 것이었다. 하지만 아가멤논은 노인의 간청을 매몰차게 거절하고 그를 내쫓아 버린다. 모욕을 당하고 절망한 크뤼세스는 자신이 섬기는 아폴론에게 복수를 부탁한다. 그러자 아폴론은 아흐레 동안 그리스군의 진중으로 역병을 나르는 빛의 화살을 쏟아붓는다. 수많은 병사의 시신이 개와 독수리의 먹이로 내던져지고, 그런 백성의 죽음을 아파하던 아킬레우스는 모든 장병과 백성을 집회장에 소집한다. 그는 사제

호메로스, 『일리아스』

의 딸을 돌려주어 사람들이 더 죽는 것을 막아야 한다고 주장한다. 여기서 전체 집회를 소집한 이가 아킬레우스라는 사실이 중요하다. 그의 이름은 고통을 뜻하는 그리스어 '아케Ache'와 백성을 뜻하는 '라오스laos'의 합성어다. 다시 말해 '백성의 고통'이 된다. 여기에는 아킬레우스를 백성의 대변자로 내세우려는 호메로스의 의도가 담겨 있다. 하지만 욕심 많은 아가멤논은 사제의 딸을 돌려주는 대신에 아킬레우스의 애인 브뤼세이스를 차지하겠다고 선언한다. 아킬레우스는 격노한다. 그리고 전투에 절대 나서지 않겠노라고 말한다. 아킬레우스의 첫 번째 분노였다. 자신의 소유와 명예를 침해받은 것이 그 이유였다.

호메로스는 그 순간을 이렇게 노래한다. "넓적다리에서 날카로운 칼을 빼어 들고 사람들을 모두 쫓아버리고 그 자신은 아가멤논을 죽여버릴까, 아니면 분을 삭이고 마음을 억누를 것인가를 따지면서, 이런저런 일들을 마음속으로 재며 칼집에서 큰 칼을 빼려는 순간에, 하늘에서 아테네 여신이 내려왔으니"제1권 190~194행. 엄밀히 말해 분憤은 났지만 그것을 노怒로 표출하지는 않았다. 그러자 아킬레우스에게 찾아온 것은 '슬픔'제1권 189행이었다.

여기서 아킬레우스의 분노가 정당한지 다시 한 번 묻

자. 지금 같으면 아킬레우스의 항명은 상관에 대한 불복종이므로 군법에 회부되어야 마땅한 일이다. 하지만 호메로스의 생각은 다르다. 아킬레우스의 분노는 정당하다. 잘못을 저지른 이는 아가멤논이 아닌가!

그대 주정뱅이여, 개의 눈에 사슴의 심장을 가진 이여! 그대는 일찍이 싸움터에 나가려고 백성들과 함께 무장하거나 그리스 백성의 장군들과 함께 매복하려는 용기를 가져본 적이 없는 자였소. 그대에게는 그것이 죽음이었기에 말이오. 아니, 그리스 군대의 넓은 진영에서 누구든지 그대에게 반대하는 자의 몫을 빼앗아 갖는 편이 훨씬 쉬운 일이기에 말이오. 백성을 잡아먹는 왕이여! 제1권 225~231행

아킬레우스는 통치자 아가멤논에게 거침없이 대든다. 정의는 강자의 이익이라는 현실 추수주의 정의관을 정면으로 비판하고 맞서는 장면이다. 아킬레우스가 지적하는 아가멤논의 잘못은 크게 두 가지다. 첫째, 용기가 없다는 것이다. 이 점은 타고난 성격이므로 어찌보면 큰 잘못은 아니다. 둘째, 타인의 정당한 몫을 부당하게 빼앗는다는 것이다. 이 점은 명백히 잘못되었다. 전장에 나설 용기가

호메로스, 『일리아스』

없기에 다른 사람의 몫을 강탈할 수밖에 없었겠지만, 그 행위는 아무리 왕이라 해도 정당하지 않다고 아킬레우스는 주장한다. 심지어 "백성을 잡아먹는 왕이여"라고까지 일갈한다. 백성의 고통을 대변하는 자로서 아킬레우스의 기개가 충천하다. 그의 말에 따르면 아가멤논은 '각자의 몫은 각자에게suum cuique'라는 분배 정의를 어기고 있는 셈이다. 전장에 한 번 나가보지도 않은 사람이 다른 이가 가져온 전리품 가운데 가장 좋은 것을 탈취하는 행위는 불의다. 이런 의미에서 아킬레우스의 분노는 정당하다.

문명사의 관점에서 서양 문학이 분노로 시작하고, 그 분노가 정의로 연결되고, 그 정의가 각자의 몫, 곧 각자의 권리로 이어진다는 사실은 눈여겨볼 만하다. 또한 아킬레우스의 분노가 이후 서양 정치사상의 전형적인 사례로 읽힐 수 있다는 점에서도 그렇다. 하지만 아가멤논은 막무가내로 고집을 피웠고, 끝내 아킬레우스의 애인 브뤼세이스를 빼앗는다. 성난 아킬레우스는 자신의 막사로 곧장 철수하는데, 바로 이때부터 『일리아스』의 서사가 본격적으로 펼쳐진다.

벌거벗은 인간

도메니코 쿠네고의 판화(개빈 해밀턴의 그림) 「아가멤논에게 브뤼세이스를 빼앗겨 분노하는 아킬레우스」(1769). 아킬레우스의 정당한 분노와 항변은 '정의는 강자의 이익'이라는 전통적 정의관을 정면 비판한 것이다.

복수 뒤에 찾아온 슬픔

『일리아스』는 10년 동안 벌어진 트로이 전쟁의 전모를 다룬 것이 아니라, 단 4일 동안 벌어진 사건을 다루고 있다. 아킬레우스의 분노로 인해 어떤 사건들이 일어나고 최종적으로 그것이 어떤 결과에 이르는지를 노래한다. 한 마디로 '분노'의 끝을 보여주는 서사다. 한편, 분노에 휩싸인 아킬레우스가 사라지자, 트로이군의 총사령관 헥토르가 전장의 중심에 우뚝 선다. 전세는 단숨에 역전된다. 다음은 아킬레우스가 물러난 뒤 헥토르가 일리온 평온에 나타나 용맹을 떨치는 장면과 트로이 군대의 창검에 그리스 병사들이 죽어가는 모습을 묘사한다.

헥토르는 선두대열에서 힘을 뿜내며 내달았다. 마치 사냥개가 멧돼지나 사자를 잰걸음으로 뒤쫓아가 뒤에서 옆구리나 엉덩이를 공격하면서도 그것이 되돌아설 것을 항상 경계할 때와 같이, 꼭 그처럼 헥토르는 장발의 아카이오이족을 바싹 뒤쫓으며 맨 뒤에 처진 자들을 계속해서 죽였고, 그들은 달아나기 바빴다. 제8권 337~342행

모든 것이 아킬레우스의 분노 탓이었다. 호메로스가 수

천의 혼백을 황천으로 보내고 그 시신을 개와 독수리의 밥으로 던졌다는 말도 틀린 언표는 아니다. 궁지에 몰린 아가멤논은 아킬레우스에게 사과하고 화해를 청한다. 그 표시로, 그는 세발솥 일곱 개, 황금 십 탈란톤, 번쩍이는 가마솥 스무 개, 힘센 말 열두 필, … 공예에 능한 일곱 여인, 브뤼세이스, 일곱 개의 식민 도시 등으로 보상하겠다고 약속한다. 하지만 이 모든 것을 받아도, 그리스의 원로들이 설득을 해도 아킬레우스는 분노를 거두지 않는다.

한편, 아킬레우스가 없는 전선에서 그리스 군대는 후방으로 밀려, 종국에는 함선이 정박한 해안까지 내몰린다. 그리고 수많은 동료와 동족들이 몰살당하기에 이른다. 그래도 아킬레우스는 요지부동이었다. 그쯤 되면 전투에 임해 동료들을 구해줄 만도 하지 않은가. 그의 이름이 진정 '백성의 고통'을 뜻한다면 말이다. 이것이 아킬레우스의 과오hamartia일지 모르겠다. 백성을 구하는 일이 의무는 아니어도, 그들을 지켜주는 것이 자신의 덕이자 명예라면, 단지 손상된 자존심 하나로 그 일을 거부하는 것이 온당할까? 다시 말해 원인에서는 과오가 아니었지만, 심각하고 참담한 결과에서는 과오를 물을 수 있을 것이다.

그 때문이었을까? 아킬레우스는 가혹한 대가를 치른

호메로스, 『일리아스』

다. 자신이 가장 아끼고 사랑했던 파트로클로스를 잃게 된 것이다. 상황이 급박하게 돌아가자 파트로클로스는 아킬레우스를 대신하여 전투에 임하겠다며 그에게 갑옷과 무기를 빌려달라고 한다. 처음에 헥토르는 아킬레우스가 전장에 나선 것으로 오인하여 두려워서 물러났지만, 상황을 파악하고 반격에 나서 파트로클로스를 창으로 찔러 죽인다. 아킬레우스에게 파트로클로스는 무엇과도 바꿀 수 없는 애인이자 아버지 같은 사람이었다. 파트로클로스라는 이름은 '아버지의 자랑'이라는 뜻이다. 이런 존재를 잃어버린 아킬레우스는 진노한다.

이것이 두 번째 분노였다. 첫 번째 분노가 명예에 대한 모욕과 자존심에 대한 상처에서 비롯된 것이라면, 두 번째 분노는 사랑하는 이의 죽음으로 생겨난 것이다. 아킬레우스는 첫 번째 분노는 참았지만 두 번째 분노는 참지 못했다. 막대한 물질적 보상에도 꿈쩍하지 않던 아킬레우스가 이제 전장에 자발적으로 복귀한다. 무엇이 그의 마음을 움직였을까? 사태의 중심으로 곧장 들어가보자.

『일리아스』의 백미라 할 수 있는 아킬레우스와 헥토르의 결투 장면이다. 하지만 싸움은 싱겁게 끝난다. 복수의 화신으로 등장한 아킬레우스에게 헥토르는 마치 사나운

매에 쫓기는 비둘기와 같았다. 호메로스의 묘사다.

펠레우스의 아들이 빠른 걸음을 믿고 쏜살같이 뒤쫓았다. 마치 깃털 달린 새들 중에서 가장 날랜 매가 산 속의 겁 많은 비둘기를 재빨리 내리 덮치듯이—비둘기는 옆으로 피하지만 매는 날카로운 소리를 지르며 여전히 바싹 뒤쫓으니 그의 마음이 비둘기를 잡도록 명령하기 때문이다—꼭 그처럼 아킬레우스는 기를 쓰며 나는 듯이 덮쳤고, 헥토르는 무릎을 재빨리 움직이며 트로이의 성벽 밑을 따라 달아났다. 제22권 138~144행

반전은 여기서 시작된다. 복수에 성공한 뒤, 아킬레우스의 심경에 이상한 변화가 일어난 것이다. 복수만 하면 모든 것이 시원하게 해결될 줄 알았는데 그렇지 않았다. 파트로클로스를 향한 더 큰 그리움과 더 깊은 슬픔이 그를 덮쳐왔다. 호메로스는 아킬레우스를 이렇게 묘사한다. "아킬레우스는 사랑하는 이를 생각하며 울었고, 모든 것을 정복하는 잠마저도 그만은 붙잡지 못했다" 제24권 3~5행. 복수로 분노가 완전히 해소된 것이 아니었다. 슬픔을 이기지 못할 때면 그는 헥토르의 시신을 마차에 매달고서

도메니코 쿠네고의 판화(개빈 해밀턴의 그림) 「헥토르의 시신을 마차에 매달고 달리는 아킬레우스」(1766). 아킬레우스가 자신의 슬픔을 이기지 못해 벌인 이 행위는 헥토르의 아버지 프리아모스를 애끊는 슬픔에 빠지게 한다.

파트로클로스의 무덤을 빙빙 돌았다. 헥토르의 아버지 프리아모스는 그 광경을 지켜보며 탄식한다.

놓으시오. 친구들이여! 그대들은 내가 염려되겠지만, 나 혼자 성채에서 나가 그리스족의 함선으로 찾아가도록 하시오. (…) 내 저 끔찍한 일을 저지르는 흉악무도한 자에게 애원해볼 것이오. 아킬레우스에게도 나처럼 늙은 아버지가 있지 않은가? (…) 그는 누구보다도 나에게 가장 많은 슬픔을 가져다주었소. (…) 헥토르! 그 아이를 향한 애끓는 슬픔이 나를 결국 하데스로 데려가고 말 것이오. 제22권 416~426행

프리아모스는 "애끓는 슬픔"에 죽음마저 불사하고 아킬레우스를 찾아가 아들의 시신을 돌려달라고 간청한다. 아킬레우스의 분노와 프리아모스의 슬픔 가운데 어느 것이 더 강한 감정일까? 슬픔이었다. 프리아모스는 아킬레우스에게 애원한다.

신과 같은 아킬레우스여, 그대의 아버지를 생각하시오! (…) 혼자 남아서 도시와 백성을 지키던 헥토르가 조국을 위해 싸우다가 얼마 전에 그대의 손에 죽었소. (…) 아킬레

154

우스여! 신을 두려워하고 그대의 아버지를 생각하여 나에게 연민의 마음을 가지시오! 나는 그분보다 더 동정 받아 마땅하오. 나는 세상의 어떤 사람도 하지 못한 일을 하고 있소. 내 자식을 죽인 사람의 얼굴에 손을 내밀고 있으니 말이오. 제24권 486~506행

더 이상 적이 아니라 친구다

생각지도 못한 프리아모스의 방문과 애원에 아킬레우스는 놀란다. 그도 인간이었다. 호메로스는 두 사람의 모습을 이렇게 묘사한다.

두 사람 모두 슬픔에 잠겼다. 프리아모스는 아킬레우스의 발 앞에서 쓰러진 파트로클로스를 죽였던 헥토르를 위해서 목놓아 울었고, 아킬레우스는 자신의 아버지와 파트로클로스를 위해서 눈물을 쏟았다. 제24권 509~512행

아킬레우스와 프리아모스, 이제 그들은 더 이상 원수도 적군도 아니었다. 그저 가장 소중한 사람을 잃은 한 인간들이었다.

『일리아스』는 불구대천의 원수들이 울면서 서로를 얼

프리아모스와 아킬레우스의 만남(기원전 5세기). 그들은 더 이상 원수가
아니라 가장 소중한 사람을 잃은 한 인간들이었다. 비로소 화해의
길이 열리고 '애친증적'의 정의관은 극적으로 무너진다.

싸안으며 화해하는 것으로 대단원의 막을 내린다. 다시 말해 16,400여 행의 대서사시는 분노로 시작해서 슬픔으로 끝이 난다. 이제 친구를 사랑하고 적을 미워하라는 배제주의 정의관은 극적으로 무너진다. 그렇다면, 하나 물을 수 있을 것이다. 과연 프리아모스의 슬픔이 없었다면 아킬레우스의 분노가 해소되었을까? 어려웠을 것이다. 슬픔은 어떠했을까? 역시 어려웠을 것이다.

여기서 호메로스의 위대함이 빛을 발한다. 그는 분노의 화신과 슬픔의 화신을 서로 만나게 하고, 너와 나, 아군과 적군, 심지어 아버지와 아들의 구별마저도 지워버린다. 둘 다 가장 소중한 사람을 잃었다는 공통점이 이것을 가능하게 했다. 즉 호메로스는 남자와 여자, 청년과 노인, 아들과 아버지, 적군과 아군, 그리스인과 트로이인이라는 모든 구분의 이름표들을 떼어낸 후, '벌거벗은 인간^{homo nudus}' 그 자체를 보여주었다. 그럼으로써 그들 모두 가장 비참한 처지의 존재들이기에 서로 화해할 수 있다는 메시지를 전하려 했을 것이다.

여기에는 우리가 왜 싸워야 하는지, 그것도 대량 살상이 자행되는 전쟁을 왜 벌여야 하는지에 대한 호메로스의 근본적인 물음과 회의가 깔려 있는 듯하다. 단적으로

몇 가지 이야기의 설정에서 그 점은 명확히 드러난다. 아
我와 적敵이지만 아킬레우스와 프리아모스가 결국 서로를
필요로 한다는 사실, 그래서 아킬레우스를 진정 위로하고
그에게 위안을 줄 수 있는 사람은 프리아모스밖에 없으
며 그 반대도 마찬가지라는 사실을 보여주는 식의 설정
이 그렇다. 두 사람은 다른 누구에게서도 자신들의 슬픔
을 극복할 만한 위안은 얻지 못했을 것이다.

　『일리아스』는 적과도 화해할 수 있는 가능성을 열어 보
여주는 작품이다. 반전 문학의 효시로 보아도 손색이 없
을 것이다. 아킬레우스와 프리아모스가 철천지 원수였
기에 오히려 진정한 위안을 서로 나눌 수 있었으리라. 이
렇게 『일리아스』는 죽을 수밖에 없는 인간이 견뎌야 하
는 분노와 슬픔을 치유할 수 있는 것은 적인 '너', 심지어
원수인 바로 '너' 또는 '인간'이다, 라는 사실을 일깨워준
다. 아무리 바뀌지 않는 본성을 지닌 인간일지라도, 자신
을 치유하고 구원하기 위해서는 필연적으로 '너'가 필요
하고, 그러는 한 '너'는 더 이상 적이 아니라 친구다. 슬픔
을 극복하기 위해서는 '너'라는 상대가 있어야 한다. 그
러므로 이제 친구를 사랑하고 적을 미워하라는 정의관을
극복할 수 있는 단초가 마련되었다. 그 누구라 해도, 설

158

죽어가는 그리스 전사(기원전 480년경). 적일지라도 연민과 동정의 마음을 품을 수 있는 것이 인간이다.

령 적일지라도 연민과 동정의 연대를 보낼 수밖에 없는 존재가 인간이기 때문이다. 그것도 '벌거벗은 인간'이라는 사실을 말이다. 어쩌면 이것이 역병과 전쟁의 끊임없는 위협 속에서도 인류가 멸종하지 않은 이유인지 모른다. 싸우다가도 언젠가는 화해하고 사랑할 줄 아는 마음이 인간의 깊은 내면에 자리하고 있기 때문이리라.

코로나 역병을 이겨낼 힘도 어쩌면 벌거벗은 존재라는 인간-조건conditio humana에서 나올 것이다. 인간은 서로를 필요로 한다. 그래야만 스핑크스로 상징되는 자연이 인간에게 던진 물음에 답을 찾을 수 있다. 이런 의미에서 스핑크스의 물음은 지금도 힘이 있고, 오이디푸스가 제시한 답변은 여전히 유효할 것이다. 인간은 어쩔 수 없이 자연이 끊임없이 던지는 물음 앞에 답을 제시해야만 생존할 수 있다. 답은 언제나 똑같다. "그것은 인간이다." 인간이 조금은 겸손해지라는 말이다. 코로나19가 인간에게 내준 숙제에는 코로나의 정체가 무엇인지 알아내는 것도 있지만, "인간, 너는 누구이고 무엇인지"를 알아야 한다는 것도 포함된다. 이 숙제를 다하기 전까지는, 그리고 원수마저도 사랑해야 하는 존재가 인간이라는 사실을 깨닫기 전까지는, 코로나가 결코 물러나지 않을지도 모르겠다.

호메로스, 『일리아스』

21세기의 스핑크스에게 답하다

2500여 년이 지난 오늘, 새로운 역병이 아테네가 아니라 전 세계에 걸쳐 창궐하고 있다. COVID-19(코로나바이러스감염증-19)라는 공식 명칭을 얻으며 그 존재감을 과시하고 있다. 확산 속도, 사망자 수, 전방위적으로 사회에 미치는 영향 등 그 기세가 대단하다. 기술과 의학의 발전으로 코로나가 그리 오래가지는 않겠지만, 바라듯이 단기간에 물러나지도 않을 것이다. 아테네 역병의 역사적 경험에서 확인한바, 코로나의 은신처가 실은 사람들의 욕망이기 때문이다. 욕망의 동선을 따라 코로나가 움직이는데, 그렇다고 해서 욕망을 강제로 제거하거나 억누를 수도 없다. 더구나 그 욕망은 '자유'라는 이름으로 활개를 치고 있어 대처하기가 더욱 어렵다.

코로나는 아테네 역병과 그 성격이 매우 다르다. 개개

인의 건강과 운에 기대는 것 외에는 다른 방책이 없었던 고대에 비해, 지금은 치료제와 백신이라는 강력한 방패를 기대할 수 있기 때문이다. 따라서 자연 질병으로서 코로나는 어느 정도 예측이 가능하다. 물론 기후 변화라는 또 하나의 변수를 등에 업고 다른 얼굴로 나타날 것이다. 그러므로 코로나와의 싸움은 장기전이다. 자연 질병으로서의 문제를 해결하더라도 사회 질병으로서의 문제는 좀처럼 수그러들지 않고 그 규모나 위세로 보건대 인류 문명에 지대하게 영향을 줄 것이다.

어쨌든 백신이 본격적으로 나오기 전이고, 팬데믹이 지속되고 있는 형편에서, 사회적으로 남긴 영향과 그로 인한 미래의 변화를 종합적으로 판단하기에는 시기상조일 것이다. 여기에는 시간이 필요하다. 투키디데스가 아테네 역병을 경험하고 관찰한 이래, 플라톤이 그 사건을 종합적으로 성찰하여 『국가』를 저술하기까지는 50여 년이 필요했다. 이런 의미에서 코로나와의 전쟁에서 당장 승리할 묘책을 기대한 이들에게 이 글은 큰 도움이 안 됨을 이제야 밝힌다.

사정이 이렇지만, 아테네 역병을 겪어낸 사람들이 남긴 문헌과 작품을 통해서 코로나19 이후의 인간 문명과 역

162

사가 어떻게 바뀌어갈지 때로는 궁금하고 때로는 염려하는 이들에게 적어도 한 가지는 분명히 말할 수 있다. 다름 아닌 정의와 불의 사이에 긴장과 갈등이 더욱 고조되리라는 것이다. 이 긴장과 갈등은 이미 한 사회가 가진 내적 모순과 함께 더해갈 테고, 개별 국가의 경계를 넘어 국제 관계 전반으로 확산할 것이다. 전자와 관련해서는 단적으로 한국 사회를 거울 삼을 수 있으리라. 우리 사회의 내적 모순은 굳이 사회과학적인 실증 조사가 필요 없을 정도로 분명한 현실이다. 이는 2017년에 전국적으로 들고 일어난 촛불 혁명에서 외쳤던 목소리들에 온전히 잘 드러나 있다.

"이게 나라냐?"라는 물음으로 촉발된 촛불 혁명의 귀결은 '나라다운 나라'였다. 참으로 플라톤 식의 구호이다. "기회는 평등하고 과정은 공정하고 결과는 정의롭다"는 말이 이 구호의 실체를 형성하기 때문이다. 나라다운 나라란 플라톤이 말하는 '정의로운 나라'와 다름없다. 현실 정치에서 이것이 얼마나 실현되고 있는지 그 평가는 후세 역사가의 몫이리라. 하지만 한국 사회가 과연 기회는 평등할 것이고, 과정은 공정할 것인지, 그래서 결과는 정의로울지는, 특히 코로나 시대에 나라다운 나라를 실현할 수 있을지에 대해서는 얼마든지 물을 수 있다.

여기에 대한 내 생각은 양가적이다. 한편으로 실현되리라 확신한다. 내가 살고 있는 나라이기에 당연히 희망적으로 진단하는 측면이 있겠으나, 단적으로 코로나를 대처하는 K-방역 시스템은 나라다운 나라의 전형적인 모범이다. 다른 한편으로 회의적인 마음도 크다. 과연 우리 사회가 나라다운 나라를 만들 수 있는 성숙한 기반이 준비되어 있는지 의문이 들기 때문이다. 요컨대 한국 정치를 지배한 담론은 반공주의, 지역주의, 성장주의, 사대주의라는 네 기둥이었다. 이 가운데 일부는 표면적으로는 힘을 잃어 퇴색한 듯하지만, 일부는 여전히 건재하고 있다. 반공주의와 지역주의는 여건만 조성되면 언제든지 되살아날 것이고, 성장주의와 사대주의는 굳이 언급할 필요가 없겠다. 당장 2020년 지난 총선에서 모든 지역에 내걸린 공약과 개발 정책, 그리고 코로나 시대를 염두에 두고 발표된 '뉴딜 정책'은 이름만 세련된 성장주의의 전형이다. 알아서 강대국의 눈치를 살펴야 하는 것은 안타깝게도 부인할 수 없는 우리의 현실이다. 이를 두고서 실정을 모르는 철없는 소리라고 비난할 수 있다. 한국이 처한 지정학적인 특수성을 고려하여 이런 문제점들이 지닌 역사성을 어느 정도 인정은 해야 할 것이다. 하지만 언제까지 그래야 하는가? 적어도 이런 모습들이 상존하는 나라가 나라다울 수는 없다.

과연 한국 사회는 현실 정치에서도 저 네 기둥을 무너뜨릴 수 있을까? 쉽지는 않을 것이다. 뿌리를 뽑지 않는한, 그것들은 언제든 다시 고개를 내밀 수 있다. 그도 그럴 것이 우리는 아직도 그 기둥들의 근원이 무엇인지 모르고 있다. 그것은 다름 아닌, 소포클레스와 에우리피데스가 지적했고 플라톤이 본격적으로 파헤쳤던 '정의는 강자의 이익'이라는 현실 추수주의 정의관과 외부의 적에게는 유효하나 내부의 경쟁자에게는 치명적인 '친구를 사랑하고 적을 미워하라'는 배제주의 정의관이다. 우리 안에 깊이 뿌리 박힌 이 두 가지는 마음을 먹는다고 해서 하루아침에 뽑힐 것도 아니다. 왜냐하면 그것은 인간의 자연적인 본성일지도 모르기 때문이다. 이 자연적인 정의관이 우리의 역사와 현실에서는 어떻게 작동하고 있는지 잠시 들여다보자.

정의는 강자의 이익이라는 현실 추수주의 정의관을 가장 잘 살필 수 있는 분야가 국제 관계이다. 암묵적으로든 명시적으로든 열강에 둘러싸인 대한민국을 이 논리가 지배하고 있다. 미국이나 중국 같은 패권국의 힘의 실체를 인정하지 말자는 것은 아니지만 더는 자발적인 순종주의는 안 된다. 인식의 전환이 필요하다. 열강의 패권주의에 효과적으로 대응하면서 국제 관계를 주도하려면 우리의 외교는 더욱 자체적인 논리와 글로벌 차원의 전략이 있어야 한다.

세계는 바야흐로 하나의 지구촌이 되었다. 특히 세계의 경제와 문화는 국경이 더 이상 의미가 없는 단계에 들어섰다. 전통적으로 국경을 지키던 군대가 사실상 그 기능의 전환을 요구받는 상황이다. 현재 인류의 삶의 방식 modus vivendi은 이미 국내 생산 체계를 넘어서 국제 교류 체계가 필수 조건이 되었다. 어느 나라에 살든 어느 도시에 머물든, 모든 개별 인간의 삶은 하나의 독립된 단일 허브로 세계 가치 사슬Global Value Chain에서 하나의 매듭인 것이다. 물론 지구적 차원에서 볼 때 자본과 재화는 불균형과 양극화가 극심해지고, 그 반동이 경제적으로 신보호주의, 외교적으로 고립주의, 정치적으로 국가주의를 조장하고 있다. 하지만 이런 반동이 하나의 그물로 엮인 국제 관계의 흐름과 방향을 돌리는 데 대세로 작용할 정도는 아니다. 예컨대 현재 미국의 공화당 정권과 트럼프 정부가 이런 반동을 주도하는 대표적인 세력인데, 인류의 현재 삶의 방식을 전도할 만큼 위력적인 정파는 아니다.

이렇게 문화적으로 경제적으로 지구촌이 하나의 생존 공동체이자 생활 공동체로 연결되어가는 지금, 국제 관계를 바라보던 통상의 관점, 즉 정의는 강자의 이익이라는 인식은 바뀌어야 한다. 세계가 하나의 생존·생활 공동체라면 물리적으로 그어진 국경은 사실상 더는 중요하지 않다. 개별 국가의 군대는 국경을 수비하는 기능에서, 이 기능은 여전히 지속되겠지만, 국제 관계를 보호하는 수호자의 역할을 담당해야 한다. 이런 전환의 시대에 현실 추수주의 정의관은 용도 폐기되어야 한다. 지구촌 공동체를 둘로 쪼개어 싸우게 만드는 근본 원인으로 작용하기 때문이다. 패권국이 약소국을 지배하는 기본적인 수단과 방법이 군사이고 전쟁인데, 지구촌 공동체의 차원에서 보면 전쟁은 내전에 불과한 폭력일 뿐이다. 내전인 한 그 어떤 전쟁도 적법성과 정당성을 얻지 못한다. 플라톤의 논리를 연장하면 내전은 '불의의 극치'다. 패권국의 이익에만 봉사하는 한 불의다. 그도 그럴 것이, 지구촌 안에서 벌어지는 내전은 전통적인 의미의 세계 대전이다. 그 귀결은 지구의 멸망이다. 정의는 강자의 이익이라는 정의관이 우리

안에서 제거되어야 하는 이유다. 하지만 이것은 워낙 자연발생적이어서 끊임없는 제초 작업, 곧 교육 외에는 달리 방법이 없다.

우리 역사는 '친구를 사랑하고 적을 미워하라'는 배제주의 정의관이 거의 완벽히 구현되어왔음을 너무나 잘 보여준다. 한국 근대사에 점철된 지역주의, 한반도를 상시적인 전쟁 지역으로 고정해놓은 분단상황이 거기서 비롯되었다. 이른바 지맥·혈맥·학맥으로 얽힌 삼맥주의는 한국 사회의 근간을 형성해온 생각이다. 민주화의 진전으로 비록 그것이 공공의 무대에서는 사라진 듯 보여도 그 위세는 여전하다. 뒷골목에서 어슬렁거리며 언제든지 기회를 노리고 있다. 그런데 배제주의 정의관이 부정적인 것만은 아니다. 그것은 민주 진영을 단결시키고 민주화의 발전에 결정적으로 이바지한 가치였다. 사실, 국내 정치에서 권력을 획득하는 데 가장 용이한 수단이었다. 그런 까닭에 정권 창출이 목표인 정치가 가장 애용하고, 집권한 통치자가 가장 오용하기도 했다. '정의'의 이름으로 말이다. 이 점을 아무리 비판하고 논파하더라도 워낙 현실 정치에 고착화되어 있어서, 현실 추수주의 정의관만큼이나 근절하기가 어렵다. 그럼에도 이 정의관이 가지고 있는 위험성은 반드시 경고할 필요가 있다.

한국의 민주화에도 크게 기여한 배제주의 정의관은 둘로 나뉜 정치 세력이 기치로 삼고 있는 진영 논리의 동력이었다. 이 정의관은 명백하게 불의를 저질렀는데도 같은 편 같은 진영이라는 이유로 불의를 용납한다. '인정'과 '의리'라는 이름으로 위장되기도 한다. 결정적인 문제는, 친구를 사랑하는 것은 좋지만, 정적도 사실은 동료이고 파트너인데, 그 상대방을 적군으로 보게 만드는 데 결정적인 준거로 악용된다는 것이다. 같은 공동체의 구성원인 정적을 외부의 적군으로 보는 것은 위험하다. 이와 같은 배제주의 정의관을 바탕으로 정적의 진영도 뭉치게 되고, 그러다 보면 국가를 내전으로 몰고 갈 수 있다. 한 나라가 아닌 두 나라, 한동안 한국에서 유행한 '딴나라'란 명칭이 이런 정의관을 기반으로 생겨난 것이다. 플라톤이 지적했듯이, 정의로운 나라가 균형과 조화를 이룬 나라라면, 그런데 이런 나라가 '나라다운 나라'라면, 이런 나라를 만드는 것을 방해하고 때로 그 안위를 위협하는 것이 소위 진영론적인 논리를 양산하고 거듭 강화하는 '애친증적'의 정의관이다.

배제주의적 정의관이 실로 극복되어야 하는 또 하나

의 이유가 있다. 그것은 국내 정치에 만연한 진영 논리의 또 다른 근원인 분단 문제와 직결되어 있기 때문이다. 굳이 말할 필요도 없이 남한의 적은 북한이다. 적을 미워하는 것은 마땅하다. 그런데 그 영향과 결과는 한반도의 공멸일 뿐이다. 적을 미워만 할 수 없는 이유가 여기서 분명해진다. 아테네와 스파르타 사이에 벌어진 펠로폰네소스 전쟁은 중요한 역사적 선례다. 친구를 사랑하고 적을 미워하라는 정의관에 따라 아테네는 아테네대로 스파르타는 스파르타대로 단결하여 서로 싸웠다. 그 결과는 참혹했다. 무고한 시민들의 무수한 죽음이 승자의 전리품이었고, 절망과 슬픔은 패자의 몫이었다. 양쪽 모두 전쟁으로 어떤 실익도 얻지 못했다. 승리한 이후 스파르타가 지중해 지역의 패권을 장악했지만, 그것도 잠깐이었을 뿐이다. 얼마든지 친구가 될 수 있었는데, 서로를 영원한 적으로 만든 생각이 그것을 가로막았다. 이 생각의 실체를 들여다보면 참으로 허망하다. 그것은 신흥 강국으로 떠오르는 아테네에 대한 스파르타의 두려움이었다. 투키디데스는 『펠로폰네소스 전쟁사』에서 스파르타가 두려움을 무력으로 해소하려 하면서 전쟁이 일어났다고 했다. 그것을 '투키디데스 함정Thucydides's Trap'이라고 일컫는다.

남한과 북한 역시 이 땅에서 전쟁을 치렀다. 그 결과가 얼마나 참혹했는지, 그로 인해 양국이 지금까지도 얼마나 큰 고통 아래 있는지는 말할 필요가 없으리라. 지금이라도 남한과 북한이 서로를 적으로 보는 것이 아니라 친구로 보아야 한다. 그렇게 된다면 무슨 일이 일어날까? 그것은 공영共榮이다. 정치적으로 하나가 되지 않더라도, 경제적으로는 얼마든지 한반도 공동체를 만들 수 있다. 이역시 쉽지 않은 일이다. 한반도를 둘러싼 패권 열강을 설득해야 하기 때문이다. 그럼에도 지구촌 공동체의 차원에서 볼 때, 적어도 논리적으로 설득할 수 있는 대의와 명분이 있다. 그것은 세계 평화와 인류 공영이다. 남한과 북한이 영원한 적이 된다면, 그 여파는 당사자들은 물론 미국과 중국의 대립하고, 나아가 전쟁으로 이어질 수 있다. 친구가 된다면 그 자체로 세계 평화에 기여하는 일이고, 한반도의 역사를 대전환의 시대로 이끄는 일이다. 세계사의 관점에서, 한반도는 물론 동북아 지역이 그야말로 냉전의 시대에서 벗어나 비로소 평화의 시대로 진입하게 될 것이다. 그렇게 된다면 유럽처럼 경제 공영체가 될 수 있다.

하지만 배제주의 정의관은 끊임없이 이것을 훼방한다. 이른바 '종북'이니 '좌빨'이니 하는 혐오의 표현들이 여기에 뿌리가 있다. 반공주의는 이 정의관의 대표적인 산물이다. 이런 의식은 하루빨리 용도 폐기되어야 한다. 한반도와 동북아의 평화·공영 체제를 안정적으로 구축하고, 대한민국이 보편 문명국가로 성장하고 성숙해나가는 데 가장 큰 걸림돌이기 때문이다. 아무리 적이라고 해도 진정성을 보이면 이해하고 받아들일 수 있어야 한다. 진영론적인 사고방식에 갇혀 적일 뿐이라고만 단정하면 적은 결코 친구가 되려고 하지 않는다. 한때 북한이 정상 국가가 되려고 노력했다. 하지만 여타의 사정으로, 특히 하노이 회담 결렬 이후 남한과 북한은 다시 멀어지고 있으며, 그 틈을 타고 배제주의 정의관이 신속히 귀환하고 있다.

한반도를 하나의 생존 공동체로 놓고 볼 때, 이 정의관은 적을 만들고 공멸을 부르기에 단순히 논파하는 것을 넘어 현실적으로 영구히 청산되어야 한다. 그것이 어렵다 하더라도 공적인 무대에서 더는 나타날 수 없게 해야 한다. 에우리피데스가 미친 헤라클라스를 무대에서 추방했듯이!

하지만 이쯤에서 털어놓자. 현실 추수주의 정의관과 배제주의 정의관은 결코 사라지지 않으리라는 것을 말이다. 조금 허망하지만, 그것이 현실이니 이해해주기 바랄 뿐이다. 사실 천하의 플라톤도 그럴 수밖에 없다고 인정한 것이다. 나라를 나라답게 만드는 일이 그렇게 어렵다. 그 일은 물질적인 성장만으로는 결코 안 되고 정신적인 성숙이 뒷받침되어야 한다. 구체적으로 한국 사회가 다음과 같이 성숙해졌을 때나 가능한 일이다. 즉, 성장 중심 사회에서 성숙 기반 사회로 전환할 때, 지연·학연이라는 봉건적·권위적 사회를 넘어 보편의 가치·이념이 상식과 양심의 기준이 되는 시민 사회로 자리 잡을 때, 생존이 보장되고 생활이 있는 문화 사회로 나아갈 때, 정치가 고립과 불통에서 통합과 교류로 전환하여 소통 사회가 될 때, 우리 경제가 모방 단계에서 선도 단계로 도약하기 위한 지식 기반의 사회가 될 때, 문화와 역사가 단절에서 연속으로 나아가 전통사회와 외래의 문화 및 문명이 융합하여 조화를 이루는 열린 사회로 진입할 때, 비로소 저 정의관들은 물러날 것이다. 그러니까 성숙 사회, 시민 사회, 문화 사회, 소통 사회, 지식 사회, 열린 사회로 한 단계 성숙할 때에야 현실 추수주의 정의관과 배제주의 정의관은 고개를 들지 못할 것이다. 이렇게 되기를 간절히 소망한다.

　지금까지 코로나 시대의 인문학적인 성찰이라는 주제

21세기의 스핑크스에게 답하다

로 두런거려보았다. 하지만 정작 코로나가 무엇이고 이 어려운 시기를 어떻게 극복할 수 있을지에 대한 답변으로는 별로 도움이 안 되는 이야기만 늘어놓은 것 같다. 그렇지만 한 가지 위안 삼을 수 있는 것은, 한동안 잊고 살았던 '인간이란 무엇인가'를 새삼 깊이 생각해보게 되었다는 사실이다. 코로나 앞에서 우리는 청년과 노인, 남자와 여자, 흑인과 백인, 빈자와 부자, 영남인과 호남인, 남한 국민과 북한 인민, 미국인과 중국인이 어떤 차이도 없음을 뉴스를 통해 매일 확인할 수 있었다.

코로나 사태는 모든 인간이 벌거벗은 존재이고, 서로 적이 아니라 친구라는 점을 깨닫게 해주었다 해도 과언은 아니다. 결론적으로 인류는 하나이고, 본성적으로 서로 친구이며 또 친구일 수밖에 없다는 것이다. 어쩌면 21세기의 스핑크스인 코로나가 우리에게 던지는 물음에 대한 하나의 답변이리라. 그렇지 않고서는 인류가 보이지 않는 적인 코로나를 이겨낼 수 없을 것이다. 설령 이기더라도 찾아오게 될 경제 코로나와 안보 코로나의 위협을 극복할 수 없을 것이다. 이 답변이 현실적으로 어떤 공감을 얻을지, 어떤 설득력을 가질지는 잘 모르겠다. 그럼에도 코로나 시대에 자연이 던진 물음 앞에 적어도 이론적으로는 이런 답을 분명하게 할 수 있을 것이다. '인류'라는 단어가 '유'로서만 존재하는 개념이 아니라 '종'으로 실재하는 지구촌의 인간 공동체라는 사실을 말이다. 호메로스가 '벌거벗은 인간'을, 소포클레스가 '나'를, 플라톤이 내면의 '영혼'을 발견하였다면, 지금 우리가 코로나 덕분에 발견한 것은 국경 너머로 생존 조건과 생활 공간을 확장한 '인류'일 것이다.

루크레티우스, 『사물의 본성에 관하여(*Dererum natura*)』

소포클레스, 『오이디푸스 왕(*Oedipus Tyrannos*)』

소포클레스, 『오이디푸스 콜로노스(*Oedipus at Colonus*)』

소포클레스, 『트라키스 여인들(*Trachiniae*)』

에우리피데스, 『미친 헤라클레스(*Mainomenos Heracles*)』

투키디데스, 『펠로폰네소스 전쟁사(*Historiae*)』

플라톤, 『국가(*Politeia*)』

호메로스, 『일리아스(*Ilias*)』

맥닐, 윌리엄, 김우영 옮김, 『전염병의 세계사』, 이산, 2005

Dobson, Christopher and Mary Dobson, "2. Plagues and History: From the Black Death to Alzheimer's Disease", in *Plagues*, ed. Jonathan L. Heeney and Sven Friedmann, Cambridge: 2017, pp. 32-65.

Goldhill, Simon, "Materials1: the language of disease in tragedy", in *Sophocles and the Language of Tragedy*, Oxford: 2012, pp. 18-44.

Johnston, Ian, "1.3 Galen's philosophical and medical antecedents", in Galen *On Disease and Symptoms*, tr. Ian

Johnston, Cambridge: 2006, pp. 11-20.

Little, Lester K., "1. Life and Afterlife of the First Plague Pandemic", in *Plague and the End of Antiquity: The Pandemic of 541-750*, ed. Lester K. Little, Cambridge: 2006, pp. 3-32.

Reff, Daniel T., "2. Disease and the Rise of Christianity in Europe, 150-800 C.E.", in *Plagues, Priests, and Demons*, Cambridge: 2005, pp. 35-121.

이른비 씨 뿌리는 시기에 내리는 비를 말하며, 마른 땅을 적시는 비처럼
인간의 정신과 마음을 풍요롭게 하는 책을 만듭니다.

아테네 팬데믹
— 역병은 어떤 정치를 요구하는가

1판 1쇄 발행일 2020년 12월 15일

지은이 안재원
펴낸이 박희진
만든이 노승우 안세영 안신영
펴낸곳 이른비
등록 제2020-000136호(2014. 9. 3)
주소 10517 경기도 고양시 덕양구 행신로 143번길 26, 1층
전화 031) 979-2996
팩스 031) 979-0311
이메일 ireunbibooks@naver.com

ISBN 979-11-970148-1-9 03920

• 잘못 만들어진 책은 구입하신 서점에서 바꿔드립니다.

• 이 도서의 국립중앙도서관 출판시도서목록(CIP)은 e-CIP홈페이지(http://www.
nl.go.kr/ecip)와 국가자료공동목록시스템(http://www.nl.go.kr/kolisnet)에서
이용하실 수 있습니다. (CIP제어번호: CIP2020051967)